Bizet: Carmen

Ópera en Cuatro Actos

Traducción al Español y Comentarios
por E. Enrique Prado

Libreto de
Henri Meilhac y Ludovic Halévy

Jugum Press

ISBN-10: 1-939423-61-9

ISBN-13: 978-1-939423-61-0

Arte de la cubierta: New York, Liebler & Maass Lith.
— Esta imagen está disponible en la División de Impresiones y Fotografías
de la Biblioteca del Congreso de los Estados Unidos bajo el código digital var.0790.
Desde un cartel para una producción estadounidense de 1896 de Carmen,
protagonizada por Rosabel Morrison.
"Young Georges Bizet" por Étienne Carjat,
de frontispicio a *Lettres à un ami, 1865-72*.
Calmann-Lévy, Paris 1909
— De Wikimedia Commons – en.wikipedia.org
(en el dominio público en los Estados Unidos y otros países)

Impreso en los Estados Unidos de América
Publicado por Jugum Press
www.jugumpress.com

Edición y diseño:
Annie Pearson, Jugum Press
Consultas y correspondencia:
jugumpress@outlook.com

Índice

Prefacio ತಿ Carmen

Carmen es un drama lírico en cuatro actos escrito por Georges Bizet con libreto de Henri Meilhac y Ludovic Halévy basado en la novela escrita por Próspero Merimée.

Su primera presentación fue en el Teatro de La Ópera Cómica de Paris el 3 de Marzo de 1875, el estreno en Londres fue el 22 de Junio de 1898 y en New York el 23 de Octubre del mismo año.

Ni la escenografía ni la atmósfera de la ópera tienen mucho en común con la novela de Merimée ya que los libretistas las alteraron para eliminar las escenas más crueles, ya que en esa época el público parisino no mostraba interés en historias de gitanos, ladrones, cigarreras y contrabandistas sobre todo cuando terminaban en forma violenta. La España presentada por Merimée fue suavizada introduciendo mucho colorido, danzas y brillantes coros.

Un carácter admirable fue introducido en la persona de Micaela para balancear la violenta personalidad de Carmen, que ya no es presentada como una pobre y débil gitana cuyo marido ha sido asesinado, sino como una elegante "señorita" llena de caprichos y un Don José ya no es un asesino múltiple sino un simple soldado.

A pesar de estos cambios había una atmósfera de gran tensión en la noche de la primera presentación. El libreto fue criticado por su "inmoralidad," por su "obscenidad," por su falta del sentido histriónico, por haber roto con todos los estándares del buen gusto y la música por pertenecer a la llamada música del futuro que carecía de melodiosidad. Las funciones de las siguientes noches se hicieron ante un teatro casi vacío.

Carmen es la obra maestra de Bizet. En ella el compositor usa su genio dramático para superar las limitaciones del libreto, dándole una nueva vitalidad. El dejó arias, canciones, coros, duetos y recitativos intactos pero le agregó una nueva dimensión a las situaciones convencionales y sentimientos dotándolas con emociones más fuertes y más realistas y con sentimientos apasionados y acciones violentas. La música va de acuerdo con éstas características y está llena de imaginación.

Poco después del fracaso original, la opera fue recibida con entusiasmo en las provincias francesas, en Londres y al otro lado del Atlántico. *Carmen* tuvo su primer triunfo en París en 1883, ocho años después de su estreno.

El 23 de Diciembre de 1904 *Carmen* tuvo su presentación número mil en el Teatro de La Ópera Cómica de París y el 29 de Junio de 1930 la número dos mil.

Carmen ha sido presentada en todos los teatros del mundo y ha sido traducida a muchos idiomas. Es una de las óperas más populares.

Bizet murió tres meses después de la primera representación a la edad de 36 años, nunca disfrutó del éxito que posteriormente tuvo su obra. Al parecer el deterioro de su salud y su muerte estuvieron en íntima relación con el fracaso del estreno de *Carmen*.

Traducción y comentarios por
E. Enrique Prado Alcalá
Tepoztlán, Octubre de 1997

Sinopsis ☙ Carmen

Acto Primer

Sevilla en la España de 1820.

Una plaza en Sevilla: en un lado una fábrica de cigarrillos y en el lado opuesto el cuartel y la guardia de soldados. El brigadier Morales y algunos soldados de la guardia observan a la gente que transita por la plaza. Micaela una joven portan do traje regional de Navarra, llega y pregunta por un brigadier llamado Don José, Morales le explica que José llegará hasta la hora del cambio guardia, ella decide retirarse para regresar más tarde, llega el relevo de la guardia seguido por un grupo de niños Morales le informa a Don José de la visita de Micaela.

El Teniente Zúñiga, recientemente asignado al regimiento platicando con el Cabo José se entera de que éste está comprometido con Micaela y que por tanto no tiene ningún interés en ninguna de las empleadas de la fábrica.

En ese momento salen las muchachas de la fábrica y son aborda das por los soldados y por algunos jóvenes; José las mira con indiferencia y se ocupa en arreglar algo en su arma.

Llega Carmen la gitana llamando la atención de todos y flirtea con sus admiradores, se siente atraída por Don José quien la mira con indiferencia. Finalmente antes de regresar con las otras mujeres a la fábrica, Carmen le arroja a Don José una flor de casia, flor que se usada por las gitanas para sus hechizos. Don José se sorprende y se turba, en eso llega Micaela quien le trae una carta y un casto beso de su madre. Ella se retira mientras José lee la carta y se promete a si mismo que respetando los deseos de su madre se casará con Micaela.

De pronto se escuchan gritos en la fábrica y el teniente en vía a Don José a investigar la causa. El regresa con Carmen que ha herido con un cuchillo a otra mujer durante una pelea. El teniente ordena su detención y su envió a la prisión. Estando detenida y bajo la vigilancia de Don José, ella en forma seductora lo invita a que se reúnan fuera de los muros de la ciudad, en la taberna de Lillas Pastia. Él se emociona ante las expectativas y acepta, le afloja las ataduras y cuando pasan sobre el puente rumbo a la prisión ella lo empuja derribándolo y ella escapa ante las risas festiva de los curiosos.

Segundo Acto

En la taberna de Lillas Pastia entre nubes de humo, dos gitanas bailan ante la numerosa concurrencia compuesta en su mayoría por soldados. Carmen y sus amigas Frasquita y Mercedes están con Zúñiga y Morales. Zúñiga le comenta a Carmen que Don José fue encarcelado por su falta de cuidado con una prisionera que escapó. Pero que ya fue liberado. Afuera se escucha a la gente saludando al popular Escamillo un matador de mucha fama, al entrar a la taberna. Zúñiga le invita una copa, el héroe responde con una canción acerca de los peligros y las recompensas de la lidia de los toros.

Al ver a Carmen, Escamillo se interesa en ella quien se muestra indiferente. Escamillo se retira acompañado por la multitud.

Dancairo y el Remendado, dos contrabandistas, piden a las tres gitanas que los acompañen en una nueva aventura. Carmen se rehúsa argumentando que está en espera de un soldado que le ha hecho un gran servicio y a quien corresponderá convirtiéndose en su amante.

Dancairo le sugiere que lo persuada para unirse a ellos.

Carmen y Don José se convierten en amantes y estando disfrutando de la mutua compañía una noche al escucharse el toque de retreta desde el cuartel, ella se enfurece cuando él se dispone a partir y lo acusa de cobardía. José se queja diciendo que desde que ella le dio aquella flor, él se ha convertido en su esclavo.

Cuando José está a punto de partir el Teniente Zúñiga llega y le ordena que deje a Carmen para así él ocupar su lugar. Ambos pelean, llegan los contrabandistas, desarman a Zúñiga y lo someten, ahora, José no tiene otra alternativa que la de unirse a los contrabandistas.

Tercer Acto

Los contrabandistas, José y Carmen acampan en la noche en un escarpado sitio. José siente remordimiento por haber deshonrado a su madre y a su uniforme y Carmen se burla de su debilidad. Mercedes y Frasquinta se entretienen leyendo el futuro en las cartas, Carmen se les une y al consultar su futuro y el de José encuentra que la muerte les espera a ambos.

Dancairo regresa de inspeccionar el pasaje por donde pasará el contrabando, llama a las tres mujeres para que se encarguen de distraer a los oficiales de la aduana. José se quedará a cuidar el campamento.

Al atardecer un guía llega con Micaela que quiere persuadir a José de que abandone su vida criminal. Ella lo ve justo en el momento en que José discute con Escamillo que ha venido en busca de Carmen, ambos rivales inician una pelea, llega Carmen y se inter pone entre ambos. Escamillo se retira después de invitar a Carmen a verlo en su próxima corrida de toros. José le hace una escena de celos a Carmen. Llega el Remendado y lleva a Micaela hasta José, le informa su madre se encuentra moribunda. José decide abandonar a los contrabandistas para ir a su madre y le advierte a Carmen—que no ha renunciado a ella.

Acto Cuarto

Afuera de la plaza de toros de Sevilla una festiva multitud se prepara a entrar a presenciar la corrida en que actuará Escamillo. Carmen que ya ha tomado al matador como amante se burla de las advertencias de Mercedes y Frasquita quienes le han dicho que José ha sido visto en la ciudad y que por tanto debe cuidarse de encontrarse con él porque puede ser muy peligroso para ella.

Carmen, que cree firmemente en el vaticinio de las cartas espera afuera de la plaza a que se cumpla su destino. Llega José y le ruega en vano que regrese a él iniciar una nueva vida en algún lejano lugar. En el momento en el que Carmen declara su amor por Escamillo se escucha el clamor dentro de la plaza por el triunfo del torero, José en su desesperación apuñala a la gitana que muere. Al salir el gentío encuentra a José agobiado por la pena, doblado sobre el cuerpo de Carmen.

FIN

Reparto ∞ Carmen

DON JOSÉ – Cabo de Dragones, Tenor

ESCAMILLO – Torero, Barítono

EL DANCAIRO – Contrabandista, Tenor

EL REMENDADO – Contrabandista, Tenor

ZÚÑIGA – Capitán de Dragones, Bajo

MORALES – Un oficial de Dragones, Barítono

MICAELA – Una campesina, Soprano

FRASQUITA – Una gitana, Soprano

MERCEDES – Una gitana, Soprano

CARMEN – Una cigarrera, Mezzosoprano

Tabernero, Oficiales, Dragones, Niños, Cigarreras, Gitanas y Contrabandistas

Epoca: 1820

Lugar: Sevilla España

Acto Primero

Una Plaza en Sevilla, 1820, a la izquierda una fábrica de cigarrillos a la dereche
un cuartel militar con su puesto de guardia. En la plaza gente del pueblo y soldados.

SOLDADOS
Sur la place
chacun passe,
chacun vient, chacun va.
Drôles de gens que ces gens-là!...

1. Por la plaza
   algunos pasan,
   algunos vienen algunos van.
   ¡Gentes que así se divierten!...

MORALÈS
A la porte du corps de garde,
pour tuer le temps,
on fume, on jase, l'on regarde
passer les passants.

2. En la puerta de la guardia
   para matar el tiempo,
   fumamos, chismeamos,
   y vemos a pasar a los paseantes.

SOLDADOS Y MORALÈS
Sur la place
chacun passe,...

3. Por la plaza
   algunos pasan,...

MORALÈS
Regardez donc cette petite
qui semble vouloir nous parler...
Voyez, voyez... elle tourne... elle hésite...

4. Vean a esa muchachita
   que parece querer hablarnos...
   Vean, ella se voltea duda...

SOLDADOS
A son secours il faut aller!

5. ¡Acude a ayudarla!

MORALÈS
Que cherchez-vous, la belle?

6. ¿Qué busca usted, bella dama?

MICAELA
Moi, je cherche un brigadier.

7. Yo busco a un brigadier.

MORALÈS
Je suis là... Voilà!

8. Aquí estoy... ¡Heme aquí!

MICAELA
Mon brigadier, à moi, s'appelle Don José...
Le connaissez-vous?

9.   Mi brigadier, se llama Don José...
¿Lo conoce usted?

MORALÈS
Don José? Nous le connaissons tous.

10.   ¿Don José? Todos lo conocemos.

MICAELA
Vraiment! est-il avec vous, je vous prie?

11.   ¡Deberás! ¿Está él con ustedes, yo le ruego?

MORALÈS
Il n'est pas brigadier dans notre compagnie.

12.   Él no es brigadier en nuestra compañía.

MICAELA
Alors, il n'est pas là.

13.   ¿Entonces él no estás aquí?

MORALÈS
Non, ma charmante, non, il n'est pas là.
Mais tout à l'heure il y sera...
Il y sera quand la garde montante
remplacera la garde descendante.

14.   No, preciosa, él no está aquí
pero pronto estará...
Cuando la guardia entrante
reemplace a la guardia saliente.

MORALÈS, SOLDADOS
Il y sera quand la garde montante...

15.   El estará cuando la guardia...

MORALÈS
Mais en attendant qu'il vienne,
voulez-vous, la belle enfant,
voulez-vous prendre la peine
d'entrer chez nous un instant?

16.   ¿Pero en espera de que llegue
quiere usted bella niña,
tomarse la molestia
de entrar un momento?

MICAELA
Chez vous?

17.   ¿Adentro?

MORALÈS Y SOLDADOS
Chez nous!

18.   ¡Adentro!

MICAELA
Non pas, non pas,
grand merci, messieurs les soldats.

19.   No, no,
gracias señores soldados.

MORALÈS
Entrez sans crainte, mignonne,
je vous promets qu'on aura,
pour votre chère personne,
tous les égards qu'il faudra.

20.   Entre sin miedo, querida,
yo le prometo que habrá,
para su querida persona,
todo el debido respeto.

MICAELA
Je n'en doute pas, cependant
je reviendrai... quand la garde montante
remplacera la garde descendante.

21.   No lo dudo; sin embargo
regresaré... cuando la guardia
entrante reemplace a la saliente.

MORALÈS Y SOLDADOS
Il faut rester, car la garde montante
va remplacer la garde descendante.

MORALÈS
Vous resterez!

MICAELA
Non pas, non pas!

MORALÈS Y SOLDADOS
Vous resterez!

MICAELA
Non pas, non pas!
Au revoir, messieurs les soldats!

MORALÈS
L'oiseau s'envole...
on s'en console...
Reprenons notre passe-temps
et regardons passer les gens.

SOLDADOS
Sur la place
chacun passe...

CORO DE NIÑOS DE LA CALLE
Avec la garde montante
nous arrivons, nous voilà!
Sonne, trompette éclatante!
Ta ra ta ta ta ra ta ta!
Nous marchons, la tête haute
comme de petits soldats,
marquant, sans faire de faute,
une, deux, marquant le pas.
Les épaules en arrière
et la poitrine en dehors,
les bras de cette manière,
tombant tout le long du corps.
Avec la garde montante...

MORALÈS
Il y a une jolie fille
qui est venue te demander.
Elle a dit qu'elle reviendrait...

22. Tiene que esperar, que la guardia
entrante releve a guardia saliente.

23. ¡Se quedara!

24. ¡No, no!

25. ¡Usted se quedará!

26. ¡No, no!
¡Adiós señores soldados!

Se retira.

27. El pájaro ha volado...
nos consolaremos...
Volvamos a nuestro pasatiempo
y miremos pasar a la gente.

28. Por la plaza
todos pasan...

29. ¡Con la guardia entrante
nosotros llegamos, aquí estamos!
¡Suena la trompeta estrepitosa!
¡Ta ra ta ta ta ra ta ta!
Marchamos con la cabeza alta
como pequeños soldados,
marcando sin cometer faltas,
uno, dos marcamos el paso.
Los hombros hacia adelante
y el pecho hacia adelante,
los brazos de ésta manera,
a lo largo del cuerpo.
Con la guardia entrante...

Llega Don José

(A Don José)
30. Una bella joven encantadora
vino a nosotros preguntando si estabas aquí.
Falda azul y trenza lacia...

JOSÉ
Ce ne peut être que Micaela.

CORO DE NIÑOS DE LA CALLE
Et la garde descendante
rentre chez elle et s'en va.
Sonne, trompette éclatante!
Ta ra ta ta ta ra ta ta!
Nous marchons, la tête haute
comme de petits soldats...

ZUÑIGA
C'est bien là, n'est-ce pas
dans ce grand bâtiment
que travaillent les cigarières?

JOSÉ
C'est bien là, mon officier,
et bien certainement
on ne vit nulle part filles
aussi légères.

ZUÑIGA
Mais au moins sont-elles jolies?

JOSÉ
Mon officier, je n'en sais rien
et m'occupe assez peu de ces galanteries.

ZUÑIGA
Ce qui l'occupé ami,
je le sais bien,
une belle fille charmante
qu'on appelle Micaela
jupe bleue et natte tombante.
Tu ne réponds rien á cela?

JOSÉ
Je réponds que c'est vrai...
je réponds que je l'aime!
Quant aux ouvrières d'ici
quant à leur beauté, les voici!
Et vous pouvez juger vous-même.

JOVENES
Jeunes gens la cloche a sonné.
Nous, des ouvrières,
nous venons ici guetter le retour;
et nous vous suivrons, brunes cigarières,
en vous murmurant des propos d'amour...

31. Debe ser Micaela.

32. Y la guardia saliente
entra en el cuartel y al irse.
¡Suena sus trompetas estridentes!
¡Ta ra ta ta ta ra ta ta!
Marchamos, con la cabeza en alto
como pequeños soldados...

33. ¿No es allá
en ese gran edificio
en donde trabajan las cigarreras?

34. Ahí es mi oficial
y ciertamente
no hay en ninguna parte muchachas
así de atrevidas.

35. ¿Pero al menos son bonitas?

36. Mi oficial, yo no sé nada
no me ocupo de esas galanterías.

37. Yo se bien en que
te ocupas amigo,
una bella y encantadora chica
que se llama Micaela
de falda azul y trenza lacia.
¿No respondes nada a esto?

38. Respondo que es verdad...
¡Respondo que la amo!
¡Cuántas de las obreras de allí
son bellas, ahí están!
Usted podrá juzgar por sí mismo.

39. La campana ha sonado nosotros.
Los obreros venimos aquí a acechar
y a seguir a su regreso;
a las morenas cigarreras,
y les murmuramos proposiciones de amor...

SOLDADOS

Voyez-les! Regards impudents,
mine coquette!
Fumant toutes, du bout des dents,
la cigarette.

LES CIGARRERES

Dans l'air, nous suivons des yeux
la fumée, la fumée,
qui vers les cieux
monte, monte parfumée.
Cela monte gentiment
à la tête, à la tête,
tout doucement cela vous met
l'âme en fête! ...

La doux parler des amants c'est fumée!
Dans l'air, nous suivons de yeux...

SOLDADOS

Mais nous ne voyons pas la Carmencita!

LES CIGARRERES Y JOVENES

La voilà! La voilà!
Voilà la Carmencita!

JOVENES

Carmen! Sur tes pas nous
nous pressons tous!
Carmen! Sois gentille,
au moins réponds-nous,
et dis-nous quel jour tu nous aimeras!...

CARMEN

Quand je vous aimerai?
Ma foi, je ne sais pas...
Peut-être jamais!...
Peut-être demain!...
Mais pas aujourd'hui... c'est certain.

L'amour est un oiseau rebelle
que nul ne peut apprivoiser,
et c'est bien en vain qu'on l'appelle,
s'il lui convient de refuser!
Rien n'y fait, menace ou prière,
l'un parle bien, l'autre se tait;
et c'est l'autre que je préfère,
il n'a rien dit, mais il me plaît.

CORO

L'amour est un oiseau rebelle...

40. ¡Mírenlas! ¡Miradas impúdicas,
semblantes coquetos!
Fumando todas, con el cigarrillo,
entre los dientes.

41. Nosotros seguimos con los ojos
el humo en el aire,
que hacia los cielos
sube, sube, perfumado.
¡Se nos cabeza a la cabeza
con toda dulzura,
y nos mantiene el alma
en la testa! ...

¡El dulce hablar de los amantes es humo!
El humo en el aire...

42. ¡Pero nosotros no vemos a la Carmencita!

43. ¡Allí está ella! ¡Allí está ella!
¡Allí está Carmencita!

44. ¡Carmen! ¡Detrás de tus pasos
todos nos apresuramos!
¡Carmen! ¡Sé gentil,
respóndenos,
y dinos cual día nos amarás!...

45. ¿Cuándo los amaré?
¡Esta vez no lo sé!
¡Puede ser que jamás!...
¡Puede ser mañana!...
¡Pero por cierto hoy no!...

¡El amor es un pájaro rebelde
que no se puede domesticar,
y es en vano llamarlo,
si le conviene rehusarse!
Nada no mueve, ni amenaza ni ruego,
si uno habla bien;
el otro se calla y a éste es a quien prefiero,
si él no dice nada es el que me place.

46. El amor es un pájaro rebelde...

CARMEN
L'amour est enfant de Bohême,
il n'a jamais, jamais connu de loi,
si tu ne m'aimes pas, je t'aime,
si je t'aime, prends garde à toi!

CORO
Prends garde à toi!
L'amour est enfant de Bohême...

CARMEN
L'oiseau que tu croyais surprendre
battit de l'aile et s'envola;
l'amour est loin, tu peux l'attendre,
tu ne l'attends plus, il est là.
Tout autour de toi, vite, vite,
il vient, s'en va, puis il revient;
tu crois le tenir, il t'évite,
tu crois l'éviter, il te tient...

CORO
Tout autour de toi, vite, vite...

CARMEN
L'amour est enfant de Bohême,
il n'a jamais, jamais connu de loi,
si tu ne m'aimes pas, je t'aime,
si je t'aime, prends garde à toi!...

CORO
Prends garde à toi!...
L'amour est enfant de Bohême...

JOVENES
Carmen! Sur tes
pas nous nous pressons tous!
Carmen! Sois gentille,
au moins réponds-nous!...

CARMEN
Eh! Compère, qu'est-ce que tu fais là?...

JOSÉ
Je fais une chaîne du fil de laiton,
une chaîne pour attacher mon épinglette.

CARMEN
Ton épinglette, vraiment!
Ton épinglette... épinglier de mon âme...

47. ¡El amor es un niño bohemio
nunca ha conocido la ley,
si ya tu no me amas, yo te amo
si yo te amo, ponte en guardia!

48. ¡Ponte en guardia!
El amor es un niño bohemio...

49. El pájaro que crees sorprender,
bate las alas y vuela;
el amor es lejano tú lo puedes esperar,
si no lo esperas él tú ahí.
Gira a tu alrededor rápido, rápido,
él viene, se va regresa;
cuando crees evitarlo,
él te tienta...

50. Gira a tu alrededor...

51. ¡El amor es un niño bohemio
él no sabe de la ley,
si tu no me amas más, yo te amo,
si yo te amo, ten cuidado!...

52. ¡Ponte en guardia!...
El amor es un niño bohemio...

53. ¡Carmen! ¡Sobre tus pasos
nosotros todos seguimos!
¡Carmen! ¡Sé gentil,
respóndenos!...

(A Don José)
54. ¡Eh! ¿Compadre que haces allí?...

55. Hago una cadena para fijar
mi broche.

56. ¡Deberás!
El broche... de mi alma...

LES CIGARRERES
L'amour est enfant de Bohême...

JOSÉ
Quels regards!... Quelle effronterie!...
Cette fleur... là m'a fait l'effet
d'une balle qui m'arrivait!...
Le parfum en est fort et la fleur est jolie!
Et la femme
s'il est vraiment des sorcières
c'en est une certainement.

MICAELA
José!

JOSÉ
Micaela!

MICAELA
Me voici!

JOSÉ
Quelle joie!

MICAELA
C'est votre mère qui m'envoie...

JOSÉ
Parle-moi de ma mère!...

MICAELA
J'apporte de sa part, fidèle messagère,
cette lettre...

JOSÉ
Une lettre!...

MICAELA
Et puis un peu d'argent,
Elle lui remet une petite bourse.
Pour ajouter à votre traitement.
Et puis...

JOSÉ
Et puis?...

57.   El amor es un niño bohemio...

58.   ¡Que mirada!... ¡Que descaro!...
¡Esta flor... me hace el efecto
de una bala que me hiere!...
¡Su perfume es fuerte y la flor es bonita!
Y la mujer
si realmente hay hechiceras
ella es una ciertamente.

Entre Micaela.

59.   ¡José!

60.   ¡Micaela!

61.   ¡Aquí estoy!

62.   ¡Qué alegría!

63.   Es tu madre quien me envía...

64.   ¡Háblame de mi madre!...

65.   Yo traigo de su parte,
como fiel mensajera, ésta carta...

66.   ¡Una carta!...

67.   Y después un poco de dinero,
para agregar a tu paga.
Y después ...

68.   ¿Y luego?...

19

MICAELA
Et puis... vraiment je n'ose...
Et puis... encore une autre chose...
qui vaut mieux que l'argent!
Et qui, pour un bon fils
aura sans doute plus de prix.

JOSÉ
Cette autre chose, quelle est-elle?
Parle donc...

MICAELA
Oui, je parlerai.
Ce que l'on m'a donné, je vous le donnerai.
Votre mère avec moi sortait de la chapelle,
et c'est alors qu'en m'embrassant:
Tu vas, m'a-t-elle dit, t'en aller à la ville;
la route n'est pas longue; une fois à Séville,
tu chercheras mon fils,
mon José, mon enfant...
Et tu lui diras que sa mère
songe nuit et jour à l'absent,
qu'elle regrette et qu'elle espère,
qu'elle pardonne et qu'elle attend.
Tout cela, n'est-ce pas, mignonne,
de ma part tu le lui diras;
et ce baiser que je te donne,
de ma part tu le lui rendras.

JOSÉ
Un baiser de ma mère!

MICAELA
Un baiser pour son fils!...
José, je vous le rends
comme je l'ai promis!

JOSÉ
Ma mère, je la vois!...
Oui, je revois mon village!
O souvenirs d'autrefois!
Doux souvenirs du pays!
Doux souvenirs du pays!
O souvenirs chéris!...
Vous remplissez mon cœur
de force et de courage!
O souvenirs chéris!
Ma mère, je la vois,
je revois mon village!

69. ¡Y después... verdaderamente...
...no me atrevo... y luego otra cosa...
que vale más que el dinero!
Y que para un buen hijo
seguramente valdrá más.

70. ¿La otra cosa, cuál es?
Dímelo...

71. Si, te lo diré
lo que ha dado, te lo daré.
Tu madre y yo salíamos de la capilla
y esto es lo que me embaraza:
Tú vas a la villa, me dijo
el camino no es largo, una vez en Sevilla
buscarás a mi hijo,
me José, mi niño...
Y le dirás que su madre sueña
noche y día al ausente,
que ella llora perdona y espera.

Todo esto, pequeña
de mi parte le dirá,
Y este beso que te doy,
de mi parte se lo darás.

72. ¡Un beso de mi madre!

73. ¡Un beso para su hijo!...
¡José yo te lo daré
como se lo he prometido!

74. ¡Veo a mi madre!...
¡Si, vuelvo a ver a mi pueblo!
¡Oh recuerdos de otros tiempos!
¡Dulces recuerdos del hogar!
¡Dulces recuerdos del hogar!
¡Oh queridos recuerdos!...
¡Tú llenas mu corazón
du fuerza y de valor!
¡Oh queridos recuerdos!
¡Veo a mi madre,
vuelvo a ver a mi pueblo!

MICAELA
Sa mère, il la revoit!
Il revoit son village!
O souvenirs d'autrefois!
Souvenirs du pays!

JOSÉ
Qui sait de quel démon
j'allais être la proie!
Même de loin, ma mère me défend,
et ce baiser qu'elle m'envoie...
écarte le péril et sauve son enfant.

MICAELA
Quel démon? quel péril?
Je ne comprends pas bien...
Que veut dire cela?

JOSÉ
Rien! Rien!
Parlons de toi, la messagère.
Tu vas retourner au pays?

MICAELA
Oui, ce soir même...
Demain je verrai votre mère.

JOSÉ
Tu la verras! Eh bien! tu lui diras:
que son fils l'aime et la vénère
et qu'il se repent aujourd'hui.
Il veut que là-bas sa mère
soit contente de lui!
Tout cela, n'est-ce pas, mignonne,
de ma part, tu le lui diras!
Et ce baiser que je te donne,
de ma part, tu le lui rendras!

MICAELA
Oui, je vous le promets...
de la part de son fils,
José, je le rendrai, comme je l'ai promis.

JOSÉ
Ma mère, je la vois!...

MICAELA
Sa mère, il la revoit!...

75. ¡Volvió a ver a su madre!
¡Volvió a ver a su pueblo!
¡Oh recuerdos de otra tiempos!
¡Recuerdos del hogar!

76. ¡Quién sabe de cual demonio
yo he sido la presa!
Desde lejos mi madre me defiende,
y este beso que me envía descarta...
el peligro y salva a su niño.

77. ¿Cuál demonio? ¿Cuál peligro?
Yo no comprendo bien...
¿Qué quieres decir con eso?

78. ¡Nada! ¡Nada!
Hablemos de ti, el mensajero.
¿Vas a regresar a casa?

79. Si, ésta misma noche...
Mañana veré a tu madre.

80. ¡Tú la verás! Y bien, tú le dirás:
que su hijo la ama y la venera
y que él se arrepiente hoy.
¡Él quiere a su madre
otra vez contenta con él!
¡Todo esto, pequeña de mi pate,
a ella le dirás!
¡Y éste beso que yo te doy,
de mi parte se lo darás!

81. Yo te prometo que de parte...
de su hijo,
José haré lo que he dicho.

82. ¡Veo a mi madre!...

83. ¡Verá de nuevo a su madre!...

JOSÉ
Resta la, maintenant
pendant que je lirai.

84. Quédate ahí, mientras tanto
yo leeré la carta.

MICAELA
Non, pas, lisez d'abord
et puis je reviendrai.

85. No, primero léela
y después yo regresaré.

JOSÉ
Pourquoi t'en aller?

86. ¿Por qué te vas?

MICAELA
C'est plus sage
Cela me convient davantage
Lisez! Puis je reviendrai.

87. Así es mejor
Es lo que más conviene.
¡Léela! Después regresaré.

JOSÉ
Tu reviendras?

88. ¿Regresarás?

MICAELA
Je reviendrai.

89. Regresaré.

JOSÉ
Ne carins rien, ma mère,
ton fils t'obéira
fera ce que tu lui dis;
j'aime Micaela, je la prendrai pour femme
Quant à tes fleurs, sorcière infâme...

90. No temas, madre,
tu hijo re obedecerá,
haré lo que tú dices;
amo a Micaela y la tomará como esposa
En cuanto a tus flores hechicera infame...

Se escucha un grán escándalo de voces femeninas dentro de la fábrica.

ZUNIGA
Eh bien, qu'est-ce qui arrive?

91. ¿Qué pasa allí?

MUJERES 1
Au secours, au secours!
N'entendez-vous pas?

92. ¡Socorro, socorro!
¿Que no entiendes?

MUJERES 2
Au secours, au secours!
Messieurs les soldats!

93. ¡Socorro, socorro!
¡Señores soldados!

MUJERES 1
C'est la Carmencita!

94. ¡Es la Carmencita!

MUJERES 2
Non, non, ce n'est pas elle!
Pas du tout!

95. ¡No, no es ella!
¡No es!

MUJERES 1
C'est elle! Si fait, si fait, c'est elle!
Elle a porté les premiers coups!

96. ¡Es ella! ¡Es ella!
¡Ella dio los primeros golpes!

MUJERES 2
Ne les écoutez pas!

97. ¡No las escuchen!

TODAS LAS MUJERES
Écoutez-nous, monsieur!
Écoutez-nous...

98. ¡Escúchenos, señor!
Escúchenos...

MUJERES 2
La Manuelita disait
et répétait à voix haute,
qu'elle achèterait sans faute
un âne qui lui plaisait.

99. La Manuelita dice
y repite en voz alta,
que ella comprará sin falta
el asno que le plazca.

MUJERES 1
Alors la Carmencita,
railleuse à son ordinaire,
dit: Un âne, pour quoi faire?
Un balai te suffira.

100. ¿Entonces la Carmencita
replicó a su manera
un asno, para qué?
Una escoba bastará.

MUJERES 2
Manuelita riposta
et dit à sa camarade:
Pour certaine promenade,
mon âne te servira!

101. Manuelita responde
y dile a tu camarada:
¡Para cierto paseo,
mi asno te servirá!

MUJERES 1
Et ce jour-là tu pourras
à bon droit faire la fière!
Deux laquais suivront derrière,
t'émouchant à tour de bras.

102. ¡Y ese día tu podrás
hacerla de gran dama!
Dos lacayos te seguirán atrás
espantándote las moscas.

TODAS LAS MUJERES
Là-dessus, toutes les deux
se sont prises aux cheveux!...

103. ¡Entonces las dos
se tiraron de los cabellos!...

ZUÑIGA
Au diable tout ce bavardage!
Prenez, José, deux hommes avec vous
et voyez là-dedans qui cause ce tapage.

104. ¡Al diablo con éste escándalo!
Toma Don José dos hombres
contigo y ve a ver qué causa esa conmoción.

MUJERES 1
C'est la Carmencita!...

105. ¡Es la Carmencita!...

MUJERES 2
Non, non, ce n'est pas elle! ...

106. ¡No, no, es ella!...

ZUÑIGA
Holà!
Éloignez-moi toutes ces femmes-là!

107. ¡Hola!
¡Alejen a todas esas mujeres!

TODAS LAS MUJERES
Monsieur! Ne les écoutez pas!...

108. ¡Señor! ¡No las escuches!...

JOSÉ
Mon officier, c'errait une querelle
des injures d'abord, puis á la fin
des coups une femme blessée.

ZUÑIGA
Et par qui?

JOSÉ
Mais par elle.

ZUÑIGA
Vous entendez, que nous répondrez-vous?

CARMEN
Tra la, la, la, la, la, la, la,
coupe-moi, brûle-moi,
je ne te dirai rien!
Tra la, la, la, la, la, la, la,
je brave tout, le feu,
le fer et le ciel même!

ZUÑIGA
Fais-nous grâce de tes chansons
et puis que l'on a dit
de répondre réponds!

CARMEN
Tra la, la, la, la, la, la, la,
mon secret, je le garde
et je le garde bien!
Tra la, la, la, la, la, la, la,
j'aime un autre et meurs
en disant que je l'aime!

ZUÑIGA
Puisque tu le prends sur ce ton
tu chanteras ton air aux murs de la prison!

CORO
En prison! En prison!

ZUÑIGA
La peste!
Décidément vous avez la main leste!

CARMEN
Tra la, la, la...

109. *(Trae detenida a Carmen, se dirige a Zuñiga)*
Mi oficial, hubo una pelea
primero insultos, después golpes
y al final una mujer herida.

110. ¿Y por quién?

111. Por ella.

112. *(A Carmen)*
¿Ya oíste, que nos respondes?

113. ¡Tra la, la, la, la, la, la, la
golpéame, quémame,
yo no te diré nada!
¡Tra la, la, la, la, la, la, la,
yo desafío a todo al fuego,
a la espada y al cielo mismo!

114. ¡Tus canciones nos hacen gracia
se te dijo que respondas,
así que responde!

115. ¡Tra la, la, la, la, la, la, la,
mi secreto lo guardo
y lo guardo bien!
¡Tra la, la, la, la, la, la, la,
si amo a otro moriré
diciendo que lo amo!

116. ¡Desde que usas ese tono
tú cantaras tu canción dentro de la prisión!

117. ¡En prisión! ¡En prisión!

118. ¡La peste!
¡Decididamente tienes la mano lista!

119. Tra la, la, la...

ZUÑIGA
C'est dommage,
c'est grand dommage,
car elle est gentilé vraiment!
Mail il faut bien la rendre sage
attachez ces deux jolis bras.

CARMEN
Où me conduirez-vous?

JOSÉ
A la prison, et je n'y puis rien faire.

CARMEN
Vraiment, tu ne peux rien faire?

JOSÉ
Non, rien! J'obéis à mes chefs.

CARMEN
Eh bien, je suis bien
qu'en dépit de tes chefs eux-mêmes
tu le feras tout ce que je veux
et cela parce que tu m'aimes...

JOSÉ
Moi t'aimer?

CARMEN
Oui José!
La fleur dont je t'ai fait présent
tu sais, la fleur de la sorcière.
Tu peux la jeter maintenant...
Le charme a opéré...

JOSÉ
Ne me parle plus, tu entends,
je te défends de me parler...

CARMEN
Près des remparts de Séville
chez mon ami Lillas Pastia,
j'irai danser la séguedille
et boire du Manzanilla,
j'irai chez mon ami Lillas Pastia.
Oui, mais toute seule on s'ennuie,
et les vrais plaisir sont à deux.
Donc pour me tenir compagnie,
j'amènerai mon amoureux!

120. ¡Qué lástima,
qué lástima,
porque ella es realmente gentil!
Pero su falta merece
que se le aten sus dos bonitos brazos.

(A Don José)
121. ¿A dónde me conducirás?

122. A la prisión, y yo no puedo hacer nada.

123. ¿Deberás no puedes hacer nada?

124. ¡No, nada! Yo obedezco a mis jefes.

125. Bien, pero yo sé bien
que en lugar de tus jefes
tu harás lo que yo quiera
porque tú me amas...

126. ¿Qué yo te amo?

127. ¡Si, José!
La flor que te di
tu sabes, la flor de la hechicera.
Ya puedes tirarla...
El encanto se hizo...

128. No me hables más, tú me entiendes,
te lo prohíbo...

Afuera de los muros de Sevilla
en casa de mi amigo Lillas Pastia,
iré a bailar la seguidilla
y a beber manzanilla.
Iré a casa de mi amigo Lillas Pastia
pero sola me aburro
y los verdaderos placeres son entre dos.
¡Entonces para tener compañía,
yo llevaré a mi amante!

CARMEN (*continuato*)
Mon amoureux!... Il est au diable!
Je l'ai mis à la porte hier!
Mon pauvre cœur, très consolable,
mon cœur est libre comme l'air!
J'ai des galants à la douzaine;
mais ils ne sont pas à mon gré.
Voici la fin de la semaine:
qui veut m'aimer? Je l'aimerai!
Qui veut mon âme?
Elle est à prendre!
Vous arrivez au bon moment!
Je n'ai guère le temps d'attendre,
car avec mon nouvel amant
près des remparts de Séville...

JOSÉ
Tais-toi, je t'avais dit de ne pas me parler!

CARMEN
Je ne te parle pas,
je chante pour moi-même!...
Et je pense! Il n'est pas défendu de penser!
Je pense à certain officier,
je pense à certain officier qui m'aime
et qu'à mon tour, oui,
qu'à mon tour je pourrais bien aimer!

JOSÉ
Carmen!

CARMEN
Mon officier n'est pas un capitaine,
pas même un lieutenant,
il n'est que brigadier;
mais c'est assez pour une bohémienne
et je daigne m'en contenter!

JOSÉ
Carmen, je suis comme un homme ivre,
si je cède, si je me livre,
ta promesse, tu la tiendras.
Ah, si je t'aime, Carmen,
Carmen, tu m'aimeras!

CARMEN
Oui.
Nous danserons la séguedille
en buvant du Manzanilla.

129. ¡Mi amante!... ¡Lo mandé al diablo!
¡Ayer le enseñe la puerta!
¡Mi pobre corazón, tan consolable,
mi corazón es libre como el aire!
Tengo docenas de galanes
pero no son de mi agrado.
¿Viene el fin de semana:
quien quiere amarme? ¡Yo lo amaré!
¿Quién quiere mi amor?
¡Él está para que lo tomen!
¡Tú llegas en buen momento!
Apenas tengo tiempo de esperar
a mi nuevo amante
afuera de los muros de Sevilla...

130. ¡Alto, te he dicho de no hablar me!

131. ¡Yo no te hablo más
yo canto para mí misma!...
¡Y yo pienso! ¡No está prohibido pensar!
¡Pienso en cierto oficial,
pienso en cierto oficial que me ama
y que en mi turno, si,
en mi turno, podré amar!

132. ¡Carmen!

133. ¡Mi oficial no es un capitán,
ni siquiera un teniente,
él es solo un cabo;
pero es suficiente para una gitana,
y yo digna, me contento!

134. Carmen, soy como un hombre ebrio,
si cedo o si me rindo,
tú mantendrás tu promesa.
¡Y si te amo, Carmen,
Carmen, tú me amarás!

135. Si.
Nosotros bailaremos la seguidilla
y beberemos Manzanilla.

JOSÉ
Chez Lillas Pastia,
tu le promets!
Carmen...
Tu le promets...

CARMEN
Ah! Près des remparts de Séville...

ZUÑIGA
Voici l'ordre; partez, et faites bonne garde.

CARMEN
En chemin je te pousserai,
je te pousserai aussi fort que je le pourrai,
laisse-toi renverser... Le reste me regarde!

L'amour est enfant de Bohême,
il n'a jamais, jamais connu de loi;
si tu ne m'aimes pas, je t'aime;
si je t'aime, prends garde à toi!

136. En casa de Lillas Pastia...
¡Tú lo prometes!
Carmen...
¡Tú lo prometes!

137. Afuera de los muros de Sevilla...

(Entrega un papel a José)
138. Aquí está la orden, parte, y cuídala bien.

(A José)
139. En el camino te empujaré,
te empujaré tan fuerte que,
yo te haré caer... ¡El resto es cosa mía!

¡El amor es un niño gitano,
que nunca ha sabido de leyes;
si tú ya no me amas, yo te amo;
y si yo te amo, cuídate!

Acto Segundo

En la taberna de Lillas Pastia, con su atmósfera llena de humo de cigarrillos,
dos gitanas bailan ante el numeroso grupo de parroquianos, la mayoria de ellos soldados.
Carmen y sus amigas Frasquita y Mercedes están acompaña–das por Zuñiga y Morales.

CARMEN

Les tringles des sistres tintaient
avec un éclat métallique,
et sur cette étrange musique
les zingarellas se levaient.
Tambours de basque allaient leur train,
et les guitares forcenées
grinçaient sous des mains obstinées,
même chanson, même refrain,
même chanson, même refrain.
Tra la la la...

Les anneaux de cuivre et d'argent
reluisaient sur les peaux bistrées;
d'orange ou de rouge zébrées
les étoffes flottaient au vent.
La danse au chant se mariait,
la danse au chant se mariait;
d'abord indécise et timide,
plus vive ensuite et plus rapide...
Cela montait, montait, montait, montait!
Tra la la la...

Les Bohémiens, à tour de bras,
de leurs instruments faisaient rage,
et cet éblouissant tapage
ensorcelait les zingaras.
Sous le rhythme de la chanson,
sous le rhythme de la chanson,
ardentes, folles, enfiévrées,
elles se laissaient, enivrées,
emporter par le tourbillon!
Tra la la la...

FRASQUITA

Messieurs, Pastia me dit.

(Canción Bohemia)

140.   Los triángulos tintinean
con su sonido metálico,
y en esta extraña música
las zangarillas se levantan.
Los tambores marcan el tiempo,
y las guitarras se esfuerzan
en los manos obstinadas,
la misma canción, e mismo refrán,
la misma canción, e mismo refrán.
Tra la la la...

Los anillos de cobre y plata
relucen sobre la piel morena
y sobre los vestidos naranja
y rojo que flotan en el viento.
La danza y el canto se unen tímidos,
la danza y el canto se unen tímidos;
e indecisos al principio vivo
y rápido después...
¡Y luego crecen, crece, crecen!
Tra la la la...

Los bohemios tocan,
sus instrumentos,
con fuerza embrujando
con su sonido a las bailarinas.
¡Bajo del ritmo de la canción,
bajo del ritmo de la canción,
ardientes, enloquecidas, febriles,
ellas se dejan llevar embriaga,
das por el torbellino!
Tra la la la...

141.   Señores, Pastia me dice.

ZUÑIGA
Que nous veut-il encore, maître Lillas Pastia?

142. ¿Qué quieres maestro Pastia?

FRASQUITA
Il dit que le corregidor
veut que l'on ferme l'auberge.

143. Él dice que el corregidor
quiere cerrar la taberna.

ZUÑIGA
Eh bien nous partirons.
Vous viendrez avec nous.

144. Bien, nosotros partiremos.
Y tú vendrás con nosotros.

FRASQUITA
Non pas! Nous, nous restons.

145. No, nosotros, nos quedamos.

ZUÑIGA
Et toi Carmen, tu ne viens pas?
Écoute! Deux mots dits tout bas:
tu m'en veux.

146. ¿Y tú Carmen, no vienes?
¡Escucha! Dos palabras dicen:
que me tienes rencor.

CARMEN
Vous en vouloir! Pourquoi?

147. ¡Rencor! ¿Por qué?

ZUÑIGA
C'est soldat, l'autre jour,
emprisonné pour toi...

148. Ese soldado que mandé,
a prisión por tu causa...

CARMEN
Qu'a-ton fait de ce malheureux?

149. ¿Qué han hecho con el pobre?

ZUÑIGA
Maintenant il est libre!

150. ¡Ahora está libre!

CARMEN
Il est libre! Tant mieux.
Bonsoir messieurs nos amoureux!

151. ¡Él está libre! Tanto mejor.
¡Buenas noches señores admiradores!

**CARMEN, FRASQUITA,
MERCEDES**
Bonsoir messieurs nos amoureux!

152.
¡Buenas noches señores admiradores!

CORO

Vivat! Vivat le torero!
Vivat! Vivat Escamillo!...

153. *(Afuera la gente saluda a Escamillo
el gran torero)*
¡Viva! ¡Viva el torero!
¡Viva! ¡Viva Escamillo!...

ZUÑIGA
Une promenade aux flambeaux!
C'est la bainqueur des courses de Granade.

154. ¡Una procesión con antorchas!
Es el triunfador de las corridas de Granada.

(A Escamillo)
¿Quieres tomar con nosotros camarada?
¡Por tus triunfos pasados y por los futuros!

Voulez-vous avec nous voire, mon camarade?
À vos succès anciens, à vos succès nouveaux!

CORO
Vivat! Vivat le torero!
Vivat! Vivat Escamillo!...

ESCAMILLO
Votre toast, je peux vous le rendre,
senors, senors, car avec les soldats,
oui, les toreros peuvent s'entendre;
pour plaisirs, pour plaisirs,
ils ont les combats!
Le cirque est plein, c'est jour de fête!
Le cirque est plein du haut en bas;
les spectateurs perdant la tête,
les spectateurs s'interpellent à grands fracas!
Apostrophes, cris et tapage
poussés jusques à la fureur!
Car c'est la fête du courage!
C'est la fête des gens de cœur!
Allons! En garde!...
Toréador, en garde!...
Et songe bien, oui, songe en combattant
qu'un œil noir te regarde
et que l'amour t'attend...

TODOS
Toréador, en garde!

ESCAMILLO
Tout d'un coup, on fait silence...
Ah, que se passe-t-il?
Plus de cris, c'est l'instant!...
Le taureau s'élance en bondissant
hors du toril! Il s'élance!
Il entre, il frappe!...
Un cheval roule, entraînant un picador.
Ah! Bravo! Toro! Hurle la foule,
le taureau va... Il vient...
Il vient et frappe encore!
En secouant ses banderilles,
plein de fureur, il court!..
Le cirque est plein de sang!
On se sauve... On franchit les grilles!..
C'est ton tour maintenant!
Allons! En garde!...
Toréador, en garde!...

TODOS
Toréador, en garde!

155. ¡Viva! ¡Viva el torero!
¡Viva! ¡Viva Escamillo!...

156. ¡Correspondo a tu brindis,
señores, señores porque con soldados,
los toreros se entienden;
por placeres tienen,
los combates!
¡La plaza está llena de arriba abajo!
¡Los espectadores se hablan a gritos;
arman gran alboroto,
y se empujan con furor!

¡Porque es la fiesta de la gente
con valor y corazón!

¡Vamos! ¡En guardia!...
¡Torero, en guardia!...
Y recuerda bien, recuerda
que durante la faena unos ojos negros
te miran y que el amor te espera...

157. ¡Torero, en guardia!

158. Todos a la vez hacen silencio...
¿Ah, qué pasa?
¡No más gritos, es el instante!...
¡El toro sale dando un salto
desde el toril!
¡El enviste! ¡Entra! ¡El ataca!...
Un caballo cae con el picador.
¡Ah, bravo! ¡Toro! Grita la gente,
el toro va... Y viene...
¡Él viene y ataca de nuevo!
¡Se agitan sus banderillas,
lleno de furia, se detiene!...
¡El ruedo está lleno de sangre!
¡Algunos se brincan las barreras!...
¡Es tu turno ahora!
¡Vamos! ¡En guardia!...
¡Torero, en guardia!...

159. ¡Torero, en guardia!

ESCAMILLO
La belle, un mot.
Comment t'appelle-t-on?
Dans mon premier danger
je veux dire ton nom.

CARMEN
Carmen, la Carmencita,
cela revient au même!

ESCAMILLO
Si l'on disait que l'on t'aime?

CARMEN
Je répondrais qu'il ne faut pas m'aimer.

ESCAMILLO
Cette réponse n'est pas tendre
je me contenterai d'espérer
et d'attendre...

CARMEN
Il est permis d'attendre,
il est doux d'espérer.

ZUÑIGA
Puisque tu ne viens pas Carmen
je reviendrai.

CARMEN
Et vous aurez grand tort!

ZUÑIGA
Bah! Je me risquerai!

FRASQUITA
Eh bien, vite, quelles nouvelles?

DANCAIRO
Pas trop mauvaises les nouvelles
et nous pouvons encore faire
quelques beaux coups!
Mais nous avons besoin de vous.

LAS TRES MUJERES
Besoin de nous?

DANCAIRO
Oui, nous avons besoin de vous.
Nous avons en tête une affaire.

(*A Carmen*)
160. Hermosa, una palabra.
¿Cómo te llaman?
En mi primer momento peligroso
quiero decir tu nombre.

161. ¡Carmen, Carmencita,
que vienen siendo lo mismo!

162. ¿Alguien te ha dicho que te ama?

163. Yo respondo que no me hace falta
que me amen.

164. Esa respuesta no es tierna
me contentaré con esperar
y tener esperanzas...

165. Esperar es permitido,
tener esperanzas es dulce.

166. Como tú no vienes Carmen
yo regresaré.

167. ¡Y tú cometerás un gran error!

168. ¡Bah! ¡Tomaré el riesgo!

169. ¿Y bien, rápido, que noticias hay?

170. ¡No son muy malas las noticias
y nosotros podremos dar
algunos buenos golpes!
Pero necesitamos de sus servicios.

171. ¿Nuestros servicios?

172. Si requerimos de sus servicios.
Tenemos en mente un asunto.

MERCEDES, FRASQUITA
Est-elle bonne, dites-nous?

DANCAIRO, REMENDADO
Elle est admirable, ma chère;
mais nous avons besoin de vous.

TODOS
De nous?...

DANCAIRO, REMENDADO
Car nous l'avouons humblement
et fort respectueusement, oui,
nous l'avouons humblement:
quand il s'agit de tromperie,
de duperie,
de volerie,
il est toujours bon, sur ma foi,
d'avoir les femmes avec soi.
Et sans elles,
mes toutes belles,
on ne fait jamais rien de bien!

LAS TRES MUJERES
Quoi, sans nous jamais rien de bien?

DANCAIRO, REMENDADO
N'êtes-vous pas de cet avis?

LAS MUJERES
Si fait, je suis de cet avis.
Si, fait, vraiment je suis.

TODOS
Quand il s'agit de tromperie.

DANCAIRO
C'est dit alors vous partirez?

FRASQUITA, MERCÉDÈS
Quand vous voudrez.

DANCAIRO
Mais... Tout de suite...

CARMEN
Ah, permettez... Permettez!
S'il vous plaît de partir... Partez!
Mais je ne suis pas du voyage.
Je ne pars pas... Je ne pars pas.

173. ¿Es bueno, dínoslo?

174. Es admirable, querida mía;
pero necesitamos sus servicios.

175. ¿De nosotros?...

176. Les pedimos humildemente
y muy respetuosamente, si,
les pedimos humildemente:
cuando se trata de una pillería,
de un engaño,
de un robo,
hoy es algo bueno, lo juro,
tenerlas con nosotros.
¡Y sin ellas,
mis hermosas,
no haremos nada jamás nada bien!

177. ¿Que, sin nosotras jamás lo harían bien?

178. ¿No es esa su opinión?

179. De hecho, esa es mi opinión
deberás esa es.

180. Cuando se trata de triquiñuela.

181. ¿Entonces, ustedes irán?

182. Cuando ustedes quieran.

183. Bueno... ahora mismo...

184. Ah, permítanme... ¡Permítanme!
Si ustedes quieren ir... ¡Vayan!
Pero yo no estoy en éste viaje.
Yo no iré... Yo no iré.

DANCAIRO, REMENDADO
Carmen, mon amour, tu viendras.

185. Carmen, tu vendrás.

CARMEN
Je ne pars pas, je ne pars pas!...

186. ¡No iré, no iré!...

DANCAIRO, REMENDADO
Et tu n'auras pas le courage
de nous laisser dans l'embarras!

187. ¡Y tú no tendrás el valor
de dejarnos comprometidos!

FRASQUITA, MERCÉDÈS
Ah! Ma Carmen, tu viendras!

188. ¡Ah! ¡Mi Carmen, tu vendrás!

CARMEN
Je ne pars pas!...

189. ¡No iré!...

DANCAÏRE
Mais au moins la raison,
Carmen, tu la diras.

190. Pero, al menos danos la razón,
Carmen, dile al.

LOS CUATRO
La raison, la raison!

191. ¡La razón, la razón!

CARMEN
Je la dirai certainement...

192. Ciertamente yo la diré...

LOS CUATRO
Voyons, voyons!

193. ¡Vamos, vamos!

CARMEN
Je la dirai certainement...

194. Ciertamente se los diré...

LOS CUATRO
Voyons, voyons!

195. ¡Vamos, vamos!

CARMEN
La raison, c'est qu'en ce moment...

196. La razón es que en éste momento...

LOS CUATRO
En bien, eh bien?

197. ¿Si, si?

CARMEN
Je suis amoureuse!

198. ¡Yo estoy enamorada!

LOS DOS HOMBRES
Qu'a-t-elle dit?

199. ¿Qué ha dicho ella?

LAS DOS MUJERES
Elle dit qu'elle est amoureuse!

200. ¡Ella dice que está enamorada!

LOS CUATRO
Amoureuse!

201. ¡Enamorada!

DANCAIRO
Voyons, Carmen, sois sérieuse!

CARMEN
Amoureuse à perdre l'esprit!

LOS HOMBRES
La chose, certes, nous étonne,
mais ce n'est pas le premier jour
où vous aurez su, ma mignonne,
faire marcher de front le devoir,
le devoir et l'amour...

CARMEN
Mes amis, je serais fort aise
de partir avec vous ce soir;
mais cette fois, ne vous déplaise,
il faudra que l'amour passe avant le devoir...

DANCAIRO
Ce n'est pas là ton dernier mot?

CARMEN
Absolument!

REMENDADO
Il faut que tu te laisses attendrir!

LOS CUATRO
Il faut venir, Carmen, il faut venir!
Pour notre affaire,
c'est nécessaire;
car entre nous...

CARMEN
Quant à cela, j'admets bien avec vous...

TODOS
Quand il s'agit de tromperie...

DANCAIRO
Mais qui donc attends tu?

CARMEN
Presque rien, un soldat qui
l'autre jour pour me rendre service,
s'est fait mettre en prison.

REMENDADO
Le fait est délicat.

202.   ¡Mira, Carmen, sé seria!

203.   ¡Perdidamente enamorada!

204.   Ciertamente nos sorprende,
pero no es ésta la primera vez
que tienes, querida,
que hacer marchar juntos,
el de ver y el amor...

205.   Amigos míos, yo sería muy feliz
de ir con ustedes ésta noche;
pero ésta vez, los disgustaré,
pero el amor será antes que el deber...

206.   ¿Esta no es tu última palabra?

207.   ¡Absolutamente!

208.   ¡Tienes que venir!

209.   ¡Debes venir, Carmen, debes venir!
Para nuestro asunto,
es necesario;
aquí entre nosotros...

210.   En cuanto a eso admito que...

211.   Cuando se trata de pillería...

212.   ¿Y qué estás esperando?

213.   Casi nada, a un soldado que
el otro día por hacerme un servicio,
lo metieron en prisión.

214.   El hecho es delicado.

DANCAIRO
Il se peut qu'après tout
ton soldat réfléchisse.

215. Es posible que después de todo
tu soldado reflexione.

JOSÉ
Halte-là!
Qui va là?
Dragon d'Alcala!

216. ¡Alto ahí!
¿Quién va?
¡Dragón de Alcalá!

CARMEN
Écoutez!

217. ¡Escuchen!

JOSÉ
Où t'en vas-tu par là, dragon d'Alcala?

218. ¿A dónde vas, Dragón de Alcalá?

CARMEN
Le voilà!

219. ¡Ahí está!

JOSÉ
Moi, je m'en vais faire,
mordre la poussière
à mon adversaire.
S'il en est ainsi,
passez, mon ami.
Affaire d'honneur,
affaire de cœur,
pour nous tout est là,
dragons d'Alcala!

220. Yo, haré que
mi adversario
muerda el polvo.
Si no es eses el caso,
pásale mi amigo.
¡Asunto de honor,
asunto del corazón,
para nosotros todo está ahí,
Dragones de Alcalá!

FRASQUITA
C'est un beau dragon!

221. ¡Es un bello dragón!

MERCÉDÈS
Un très beau dragon!

222. ¡Un muy bello dragón!

DANCAIRO
Qui serait pour nous un fier compagnon.

223. Que sería para nosotros un fiero compañero.

REMENDADO
Dis lui de nous suivre.

224. Dile que nos siga.

CARMEN
Il refusera.

225. Se rehusará.

DANCAIRO
Mais essarte au moins.

226. Al menos trata.

CARMEN
Soit! On essayera.

227. ¡Bien! Trataré.

Se retiran sus cuatro compañeros.

LA VOZ DE JOSÉ
Halte-là! Qui va là?
Dragon d'Alcala!
Où t'en vas-tu par là,
dragon d'Alcala?
Exact et fidèle,
je vais où m'appelle
l'amour de me belle!
S'il en est ainsi,
passez, mon ami.
Affaire d'honneur,
affaire de cœur,
pour nous tout est là,
dragons d'Alcalá!

(Ya muy cercana)

228. ¡Alto ahí! ¿Quién va?
¡Dragón de Alcalá!
¿Adónde vas
Dragón de Alcalá?
¡Puntual y fiel,
yo voy adonde me llama
el amor de mi bella!
Si no es el caso,
pasa amigo mío.
¡Asunto de honor,
asunto del corazón,
para nosotros todo está allá,
Dragones de Alcalá!

Aparece José en la puerta.

CARMEN
Enfin, c'est toi!...

229. ¡Entonces, eres tú!...

JOSÉ
Carmen!

230. ¡Carmen!

CARMEN
Et tu sors de prison?

231. ¿Saliste de la prisión?

JOSÉ
J'y suis resté deux mois.

232. Estuve dos meses.

CARMEN
Tu t'ens plains?

233. ¿Te estás quejando?

JOSÉ
Ma foi, non!
et si c'était por toi
j'y voudrais être encore.

234. ¡Claro que no!
Y si fuera por ti
lo haría otra vez.

CARMEN
Tu m'aimes donc?

235. ¿Entonces tú me amas?

JOSÉ
Moi, je t'adore!

236. ¡Yo te adoro!

CARMEN
Vos officiers sont venus tout à l'heure,
ils nous ont fait danser.

237. Tus oficiales estuvieron aquí,
ellos nos hicieron danzar.

JOSÉ
Comment toi?

(Enojado)
238. ¿Cómo?

CARMEN
Que je meure si tu n'es pas jaloux!

239. ¡Moriré si no estás celoso!

37

JOSÉ
Eh oui, je suis jaloux!...

240. ¡Sí, estoy celoso!...

CARMEN
Je vais danser en votre honneur,
et vous verrez, seigneur, comment
je sais moi-même accompagner ma danse!
Mettez-vous là, Don José. Je commence!

241. ¡Con toda dulzura, señor,
yo voy a danzar en tu honor
y tu verás, señor!
¡Como yo sola me acompaño en mi danza!

Se escucha a lo lejos un toque de clarin.

JOSÉ
Attends un peu, Carmen,
rien qu'un moment... Arrête!

242. ¡Espera un poco, Carmen,
solo un momento!

CARMEN
Et pourquoi, s'il te plaît?

243. ¿Y porque?

JOSÉ
Il me semble... Là-bas...
Oui, ce sont nos clairons
qui sonnent la retraite.
Ne les entends-tu pas?

244. Me parece que allá...
... si son nuestros clarines
que tocan la retreta.
¡Los oyes?

CARMEN
Bravo! Bravo! J'avais beau faire...
Il est mélancolique
de danser sans orchestre...
Et vive la musique
qui nous tombe du ciel!
La la la la...

245. ¡Bravo, bravo! Debí evitarme la pena...
de bailar sin orquesta
él está melancólico...
¡Y vive la música
que nos cae del cielo!
La la la la...

JOSÉ
Tu ne m'as pas compris. Carmen...
C'est la retraite!
Il faut que moi,
je rentre au quartier pour l'appel!

246. Tú no me has comprendido. Carmen...
¡Es la retreta!
Que hace que
yo regrese al cuartel, para pasar lista.

CARMEN
Au quartier!... Pour l'appel!...
Ah, j'étais vraiment trop bête!...
Je me mettais en quatre
et je faisais des frais, oui, je faisais des frais
pour amuser monsieur!
Je chantais! Je dansais!
Je crois, Dieu me pardonne,
qu'un peu plus, je l'aimais!

¡A cuartel!... ¡Para la lista!...
¡Ah, realmente fui muy tonta!...
¡Yo me desviví por venir aquí
y me tomé la molestia de cantar y bailar
para entretener al señor!
¡Yo canté! ¡Yo bailé!
¡Yo creo, Dios me perdone,
un poco más y lo amo!

CARMEN (*continuato*)
Ta ra ta ta...
C'est le clairon qui sonne!
Ta ra ta ta...
Il part... Il est parti!
Va-t'en donc, canari!
Tiens, prends ton shako, ton sabre,
ta giberne, et va-t'en, mon garçon, vé t'en!

JOSÉ
C'est mal à toi, Carmen,
de te moquer de moi!
Je souffre de partir,
car jamais, jamais femme,
jamais femme avant toi, non...
aussi profondément n'avait
troublé mon âme!

CARMEN
Ta ra ta ta... Mon Dieu! C'est la retraite!
Ta ra ta ta... Je vais être en retard.
O mon Dieu!... C'est la retraite!
Je vais être en retard!
Il perd la tête! Il court!
Et voilà son amour!

JOSÉ
Ainsi tu ne crois pas à mon amour?

CARMEN
Mais non!

JOSÉ
Eh bien! Tu m'entendras!

CARMEN
Je ne veux rien entendre!

JOSÉ
Tu m'entendras!

CARMEN
Tu vas te faire attendre!

JOSÉ
Tu m'entendras!

CARMEN
...Attendre!
Non, non, non, non!

247.   Ta ra ta ta...
¡Es el clarín que llama!
Ta ra ta ta...
¡El parte... él partió!
¡Vete, entonces, canarí!
¡Ten, toma tu tocado to sable,
tu bandolera, y lárgate muchacho, lárgate!

248.   ¡Que malo, Carmen,
que te burles de mí!
¡Sufro por tener que partir
porque jamás ninguna mujer,
ninguna, turbó...
tan profundamente
mi alma!

249.   Ta ra ta ta... ¡Dios mío! ¡Es la retreta!
Ta ra ta ta... Te vas a retrasar.
¡Dios mío!... ¡Es la retreta!
¡Te vas a retrasar!
¡El pierde la cabeza!
¡He ahí su amor!

250.   ¿Así que no crees en mi amor?

251.   ¡Claro que no!

252.   ¡Bien! ¡Tú me oirás!

253.   ¡Yo no quiero escuchar nada!

254.   ¡Tú me oirás!

255.   ¡Te vas a hacer oír!

256.   ¡Tú me oirás!

257.   ...¡Escuchar!
¡No, no, no, no!

JOSÉ
Oui, tu m'entendras!
Je le veux Carmen,
tu m'entendras!

258. ¡Si, tú me oirás!
¡Así lo quiero, Carmen,
tú me oirás!

Saca da su bolsa, la flor ya marchita que Carmen le arrojo y mientras se la muestra le dice:

La fleur que tu m'avais jetée
dans ma prison m'était restée,
flétrie et sèche, cette fleur
gardait toujours sa douce odeur;
et pendant des heures entières,
sur mes yeux, fermant mes paupières,
de cette odeur je m'enivrais
et dans la nuit je te voyais.
Je me prenais à te maudire,
à te détester, à me dire:
Pourquoi faut-il que le destin
l'ait mise là sur mon chemin!
Puis je m'accusais de blasphème,
et je ne sentais en moi-même,
je ne sentais qu'un seul désir,
un seul désir, un seul espoir:
te revoir, ô Carmen, oui, te revoir!
Car tu n'avais eu qu'à paraître,
qu'à jeter un regard sur moi,
pour t'emparer de tout mon être.
Ô ma Carmen!
Et j'étais une chose à toi!
Carmen, je t'aime!

La flor que me arrojaste
estuvo conmigo en la prisión,
Marchita y seca esa flor
conservó su dulce olor;
y por horas entera,
sobre mis ojos, con los parpados,
cerrados con su olor yo me
embriagaba y por la noche.
Yo te miraba y te maldecía,
te detestaba y me decía a mí mismo:
¡Porqué el destino
te puso en mi camino!
¡Entonces me acusé de blasfemia,
y sentí solo un deseo
un solo deseo,
una esperanza: volverte a ver,
Carmen, volver te a ver Carmen!
Porque no hiciste más que
aparecerte y mirarme,
para apoderarte de todo mi ser.
¡Oh mi Carmen!
¡Y me convertí en una cosa tuya!
¡Carmen, te amo!

CARMEN
Non! Tu ne m'aimes pas!

259. ¡Non! ¡Tú no me amas!

JOSÉ
Que dis-tu?

260. ¿Qué dices?

CARMEN
Non! Tu ne m'aimes pas! Non!
Car si tu m'aimais,
là-bas, là-bas, tu me suivrais.

261. ¡No! ¡Tú no me amas! ¡No!
Porque si me quisieras,
me seguirías lejos.

JOSÉ
Carmen!

262. ¡Carmen!

CARMEN
Oui! Là-bas, là-bas dans la montagne!
là-bas, là-bas tu me suivrais!
Sur ton cheval tu me prendrais,
et comme un brave à travers la campagne,
en croupe, tu m'emporterais!
Là-bas, là-bas dans la montagne!

JOSÉ
Carmen!

CARMEN
Là-bas, là-bas tu me suivrais!
Tu me suivrais, si tu m'aimais!
Tu n'y dépendrais de personne;
point d'officier à qui tu doives obéir,
et point de retraite qui sonne
pour dire à l'amoureux
qu'il est temps de partir!
Le ciel ouvert, la vie errante,
pour pays tout l'univers,
et pour loi ta volonté!
Et surtout la chose enivrante:
la liberté! La liberté!

JOSÉ
Mon Dieu!

CARMEN
Là-bas, là-bas dans la montagne!...

JOSÉ
Ah! Carmen, hélas! Tais-toi! Pitie!

CARMEN
Oui, n'est-ce pas,
Là-bas, là-bas tu me suivras,
Là-bas, là-bas emporte moi!

JOSÉ
Ah! Tais-toi, tais-toi!
Non, je ne veux plus t'écouter!
Quitter mon drapeau... Déserter...
C'est la honte... C'est l'infamie!...
Je n'en veux pas!

CARMEN
Eh bien! Pars!

JOSÉ
Carmen, je t'en prie!

263. ¡Si! ¡Allá lejos en la montaña!
¡Tú me seguirías!
¡Sobre tu caballo tú me llevarías
y como un valiente a través de la campiña,
en ancas me llevarías a la montaña!
¡Allá lejos en la montaña!

264. ¡Carmen!

265. ¡Hasta allá, tú me seguirías!
¡Tú me seguirías, si me amaras!
¡Tú no dependerás de nadie
ningún oficial a quien obedecer,
ni toque de retreta
para decirle a tu amante
que es hora de partir!
¡El cielo abierto, la vida errante,
y el universo por país
y por ley tu voluntad!
¡Y sobre todo la cosa enervante:
la libertad! ¡La libertad!

266. ¡Dios mío!

267. ¡Allá, allá, en la montaña!...

268. ¡Ah! ¡Carmen, cállate, ten piedad!

269. ¡Si, así es que
allá, allá, tú me seguirás,
llévame tú hasta allá!

270. ¡Ah! ¡Alto, alto!
¡No, yo no te escucharé!
Abandonar a mi bandera... Desertar...
es penoso... ¡Una infamia!...
¡Yo no lo haré!

271. ¡Está bien, vete!

272. ¡Carmen, yo te imploro!

CARMEN
Non! Je ne t'aime plus!

273. ¡No, yo ya no te amo!

JOSÉ
Écoute!

274. ¡Escucha!

CARMEN
Va! Je te hais!
Adieu! Mais adieu pour jamais!

275. ¡Vete! ¡Yo te odio!
¡Adiós! ¡Adiós para siempre!

JOSÉ
Eh bien! Soit! Adieu!
Adieu pour jamais!

276. ¡Bien! ¡Adiós!
¡Adiós para siempre!

CARMEN
Va-t'en!

277. ¡Vete!

JOSÉ
Carmen! Adieu! Adieu pour jamais!

278. ¡Carmen! ¡Adiós! ¡Adiós para siempre!

CARMEN
Adieu!

279. ¡Adiós!

José se dirige hacia la puerta, cuando está a punto de abrirla, se escucha un toquido.

ZUÑIGA
Holà, Carmen! Holà, holà!

280. ¡Hola, Carmen! ¡Hola, hola!

JOSÉ
Qui frappe? Qui vient là?

281. ¿Quién llama? ¿Quién viene?

CARMEN
Tais-toi!

282. ¡Cálmate!

ZUÑIGA
J'ouvre moi-même... Et j'entre...
Le choix n'est pas heureux!
C'est se mésallier de prendre
le soldat quand on a l'officier.

283. Yo mismo abro y entro... ¡Ah, la hermosa!
¡Tú elección no es la mejor!
No es acertado tomar un soldado
cuando se tiene un oficial.

A José en forma despótica.

Allons! Décampe!

¡Vamos! ¡Lárgate!

JOSÉ
Non!

284. ¡No!

ZUÑIGA
Si fait, tu partiras!

285. ¡Si, ciertamente te irás!

JOSÉ
Je ne partirai pas!

286. ¡No me iré!

ZUÑIGA
Drôle!

287. ¡Bribón!

JOSÉ
Tonnerre!... Il va pleuvoir des coups!

(Sacando su espada)
288. ¡Truenos!... ¡Van a llover golpes!

CARMEN
Au diable le jaloux!
À moi! À moi!

(Se interpone entre ellos)
289. ¡Al diablo con el celoso!
¡Auxilio! ¡Auxilio!

Aparecen las gitanas y a una seña de Carmen, Dancairo y el Remendado desarman a Zuñiga.

CARMEN
Bel officier, bel officier, l'amour
vous joue en ce moment un assez vilain tour!
Vous arrivez fort mal!...
Et nous sommes forcés,
ne voulant être dénoncés,
de vous garder au moins...
Pendant une heure.

(A Zuñiga)
290. ¡Bello oficial, el amor te juega en éste
momento un sucio truco!
¡Llegas en mal momento!...
Y nosotros no queremos,
ser denuncia podrías,
al menos esperar una hora...

DANCAIRO Y REMENDADO
Mon cher monsieur
nous allons, s'il vous plaît,
quitter cette demeure;
vous viendrez avec nous?

(Pistola en mano tratando de ser politicos)
291. ¿Mi estimado señor
nosotros, con su permiso,
nos vamos de aquí;
vendría usted con nosotros?

CARMEN
C'est une promenade.

292. Es solo un paseo.

DANCAIRO Y REMENDADO
Consentez-vous?

293. ¿Consiente usted?

TODOS
Répondez, camarade.

294. Responde, camarada.

ZUÑIGA
Certainement.
D'autant plus que votre argument
est un de ceux auxquels on ne résiste guère!
Mais gare à vous!
Gare à vous plus tard!

295. Ciertamente.
¡Siendo que su argumento
es de esos que no se resisten!
¡Pero tengan cuidado!
¡Tengan cuidado más tarde!

DANCAIRO
La guerre, c'est la guerre!
En attendant, mon officier,
passez devant sans vous faire prier!

296. ¡La guerra, es la guerra!
¡Mientras tanto, señor mío,
siga adelante sin causar problemas!

REMENDADO Y CONTRABANDISTAS
Passez devant sans vous faire prier!...

297. ¡Siga adelante sin causar!...

CARMEN
Es-tu des nôtres maintenant?

JOSÉ
Il le faut bien!

CARMEN
Ah, le mot n'est pas galant!
Mais, qu'importe! Va...
Tu t'y feras quand tu verras
comme c'est beau, la vie errante!
Pour pays tout l'univers,
et pour loi ta volonté!
Et surtout, la chose enivrante:
la liberté! La liberté!

TODOS
Suis-nous à travers la campagne,
viens avec nou dans la montagne,
et tu t'y feras... quand tu verras, là-bas,
comme c'est beau, la vie errante;
pour pays, l'univers!
Et pour loi, sa volontá.
Et surtout, la chose enivrante
la liberté! La liberté!
Le ciel ouvert, la vie errante,
pour pays tout l'univers,
pour loi la volonté;
et surtout, la chose enivrante:
la liberté! La liberté!

(A José)

298.　¿Eres ahora uno de los nuestros?

299.　¡Sí, tengo que ser!

300.　¡Ah, la palabra no es galante!
¡Pero qué importa!...
¡Ven y verás cómo es bella,
la vida errante!
¡Por país, el universo
y poder hacer tu voluntad!
¡Y sobre todo la cosa enervante:
la libertad! ¡La libertad!

301.　¡Con nosotros a través de la campiña,
vienes con nosotros a la montaña
y cuando veas allá abajo,
como es bella la vida errante;
por país, el universo!
Y por ley tu voluntad.
¡Y sobre todo, la cosa enervante
la libertad! ¡La libertad!
¡El cielo abierto, la vida errante,
por país todo el universo,
y por ley la voluntad;
y sobre todo la cosa enervante:
la libertad! ¡La libertad!

Acto Tercero

Los contrabandistas, Carmen y José entre ellos,
han acampado para pasar la noche en un escarpado lugar Mercedes y Trasquita
se divierten leyendo la fortuna en las cartas.

CORO
Écoute, écoute, compagnon, écoute!
La fortune est là-bas, là-bas!
Mais prends garde, pendant la route,
prends garde de faire un faux pas!...

302. ¡Escucha, escucha, compañero!
¡La fortuna está allá, allá!
¡Pero ten cuidado por la ruta
cuídate de dar un paso en falso!...

FRASQUITA, MERCÉDÈS, CARMEN,
JOSÉ, REMENDADO, DANCAIRO
Notre est bon,
mais pour le faire il faut avoir,
avoir une âme fortc!
Et le péril, le péril est en haut,
il est en bas, il est en haut,
il est partout, qu'importe!
Nous allons en avant sans souci du torrent...
sans souci de l'orage,
sans souci du soldat
qui là-bas nous attend...
et nous guette au passage!
Sans souci nous allons en avant!

303.
¡Nuestra profesión es buena,
para seguirla hace falta,
un alma fuerte!
¡El peligro está en lo alto,
y abajo, está en todas partes,
nosotros vamos adelante!
¡Sin preocuparnos del torrente...
ni de tormenta,
ni de los soldados
ni de quien nos espere...
acechándonos en el pasaje!
¡Sin preocuparnos vamos adelante!

TODOS
Écoute, compagnon, écoute!...

304. ¡Escucha compañero, escucha!...

DANCAIRO
Reposons-nous une heure ici
mes camarades; nous nous allons nous
assurer que le chemin est libre
et que sans algarades
la contrebande peut passer.

305. Descansemos aquí, una hora
mis camaradas; nosotros vamos
a asegurarnos que el camino
esté libre y que sin algaradas
el contrabando pueda pasar.

CARMEN
Que regardes tu donc?

(A José)
306. ¿Qué estás viendo?

JOSÉ
Je me dis que là-bas
il existe une bonne et brave vieille
femme qui me croit honnête homme
Elle se trompe, hélas!

307. ¡Me digo que allá abajo
vive una buena y valiente
mujer que me cree un hombre
honesto, ella se equivoca!

CARMEN
Qui donc est cette femme?

308. ¿Quién es esa mujer?

JOSÉ
Ah! Carmen, sur mon âme,
ne raille pas car c'est ma mère.

309. ¡Ah! Carmen, por mi alma no juegues,
es mi madre.

CARMEN
Eh bien! Va la retrouver tout de suite.
Notre métier, vois-tu, ne te vaut rien.
Et tu ferais fort bien de partir au plus vite.

310. Bueno, ve a encontrarla.
Nuestro oficio no significa nada para ti.
Y tú harás bien si te vas pronto.

JOSÉ
Partir? Nous séparer?

311. ¿Irme? ¿Separarnos?

CARMEN
Sans doute.

312. Sin duda.

JOSÉ
Nous séparer, Carmen?
Écoute, si tu redis ce mot!

313. ¿Separarnos, Carmen?
¡Escucha, si repites esa palabra!

CARMEN
Tu me tuerais, peut-être?...
Quel regard, tu ne réponds rien...
Que m'importe? Aspres tout,
le destin est le maitre.

314. ¿Tú me matarás?...
Veo que no respondes nada...
¿Que me importa? Después de todo,
el destino es el maestro.

Mientras tanto Mercedes y Frasquita se sientan a leer las cartas.

FRASQUITA Y MERCÉDÈS
Mêlons! Coupons!
Bien! C'est cela!
Trois cartes ici...
Quatre là!
Et maintenant, parlez, mes belles,
dites-nous qui nous trahira!
Parlez, parlez!

315. ¡Barajen! ¡Corten!
¡Bien, ya está!
Tres cartas aquí...
¡Cuatro allá!
¡Y ahora, hablen mis bellas,
díganos quien nos amará!
¡Hablen! ¡Hablen!

FRASQUITA
Moi, je vois un jeune amoureux
qui m'aime on ne peut davantage.

316. Yo, yo quiero un amante joven
que me ame mucho más.

MERCÉDÈS
Le mien est très riche et très vieux;
mais il parle de mariage!

317. ¡El mío es muy rico y muy viejo;
pero habla de matrimonio!

FRASQUITA
Je me campe sur son cheval
et dans la montagne il m'entraîne!

MERCÉDÈS
Dans un château presque royal,
le mien m'installe en souveraine!

FRASQUITA
De l'amour à n'en plus finir,
tous les jours, nouvelles folies!

MERCÉDÈS
De l'or tant que j'en puis tenir,
des diamants, des pierreries!

FRASQUITA
Le mien devient un chef fameux,
cent hommes marchent à sa suite!

MERCÉDÈS
Le mien... En croirai-je mes yeux?...
Oui... Il meurt!
Ah! Je suis veuve et j'hérite!

TODOS
Parlez encore, parlez, mes belles...

MERCÉDÈS
Fortune!

FRASQUITA
Amour!

CARMEN
Voyons, que j'essaie à mon tour.
Carreau, pique, la mort!
J'ai bien lu!... Pour tous les deux la mort!
En vain, pour éviter les réponses amères,
en vain tu mêleras!
Cela ne sert à rien, les cartes sont sincères
et ne mentiront pas!
Dans le livre d'en haut
si ta page est heureuse,
mêle et coupe sans peur,
la carte sous tes doigts se tournera joyeuse,
t'annonçant le bonheur.

318. ¡Yo me monto en su caballo
y él me lleva a las montañas!

319. ¡En un castillo casi real,
el mío me instala como reina!

320. ¡El amor no tiene fin,
todos los días nuevas locuras!

321. ¡Tanto oro como pueda tomar,
y diamantes y piedras preciosas!

322. ¡El mío será un jefe famoso,
cien hombres marchan detrás de él!

323. ¡El mío!... ¿Pueden creerlo mis ojos?...
¡Se muere!
¡Ah! ¡Soy viuda y lo heredo!

324. Hablen otra vez mis bellas...

325. ¡Fortuna!

326. ¡Amor!

Veamos, es mi turno.
¡Diamantes, espadas, la muerte!
¡He leído bien!... ¡A primera vista!
¡Y luego él, para los dos la muerte!
¡En vano para evitar las respuestas,
malas tú barajarás,
en vano barajaras las cartas
que son sinceras y no mienten!
Si tu página en el libro es afortunada
barájala y córtala sin miedo
la carta bajo tus dedos será gloriosa,
te anunciará buenaventura.

CARMEN (*continuato*)
Mais si tu dois mourir,
si le mot redoutable
est écrit par le sort,
recommence vingt fois,
la carte impitoyable répétera: la mort!
Oui, si tu dois mourir...
Encore, encore, toujours la mort!

FRASQUITA Y MERCÉDÈS
Parlez encore, parlez, mes belles...

CARMEN
Encore! Le désespoir! Encore!
Encore, encore la mort!

MERCÉDÈS
Fortune!

FRASQUITA
Amour!

CARMEN
Toujours la mort!

CARMEN, FRASQUITA, MERCÉDÈS
Encore! Encore!

CARMEN

Eh bien?

DANCAIRO
Eh bien!
Nous essayerons de passer
et nous passerons.

Reste là-haut José, garde les marchandises.

FRASQUITA
La route est-elle libre?

DANCAIRO
Oui, mais gare aux surprises!
J'ai sur la brèche ou nous
devons passer, vu trois douaniers.
Il faut nous en débarrasser.

CARMEN
Prenez les ballots el partons
il faut passer, nous passerons.

327. ¡Pero si te dice morir,
la terrible palabra
está escrita por la suerte,
y si la barajas veinte veces,
la carta repetirá: la muerte!
Si, si tú debes morir...
¡Orta vez, siempre, la muerte!

328. Hablen otra vez, hablen bellas...

329. ¡Otra vez! ¡La desesperanza!
¡Otra vez! ¡Otra vez la muerte!

330. ¡Fortuna!

331. ¡Amor!

332. ¡Siempre la muerte!

333. ¡Otra vez! ¡Otra vez!

334. (*A Dancairo y Rememendado que han regresado del reconocimiento*)
¿Y bien?

335. ¡Bien!
Trataremos de pasar
y pasaremos.

(*A Jose*)
Quédate aquí José, cuida las mercancías.

336. ¿Está libre la ruta?

337. ¡Sí, pero cuidado con las sorpresas!
He visto sobre la brecha por done
Pasaremos a tres aduaneros.
Falta que nos deshagamos de ellos.

338. Tomen los paquetes y partamos
falta pasar y pasaremos.

CARMEN, FRASQUITA, MERCÉDÈS
Quant au douanier, c'est leur affaire!
Tout comme un autre, il aime à plaire!
Il aime à faire le galant! Laissez-les passer
en avant, oui, passer en avant!

LAS MUJERES
Quant au douanier, c'est leur affaire!...

TODOS
Il aime a plaire!

MERCÉDÈS
Le douanier sera clémente!

TODOS
Il est galant!

CARMEN
Le douanier sera charmante!

TODOS
Il aime a plaire!

FRASQUITA
Le douanier sera galant!

MERCÉDÈS
Oui, le douanier sera même entreprenant.

TODOS
Oui, le douanier, c'est notre affaire!
Tout comme un autre, il aime à plaire,
il aime à faire le galant,
laissons-les passer en avant!

CARMEN, FRASQUITA, MERCÉDÈS
Il ne s'agit pas de bataille;
non, il s'agit tout simplement
de se laisser prendre la taille
et d'écouter un compliment.
S'il faut aller jusqu'au sourire,
que voulez-vous! On sourira!

LAS MUJERES
Et d'avance, je puis le dire,
la contrebande passera!
En avant! Marchons! Allons!

TODOS
Oui, le douanier, c'est notre affaire!...

339. ¡En cuanto al aduanero, ese es nuestro
asunto, a él le gusta complacer!
¡Le gusta hacerla de galán
y nos deja pasar adelante!

340. ¡En cuanto el aduanero!...

341. ¡A él le gusta complacer!

342. ¡El aduanero será clemente!

343. ¡Él es galante!

344. ¡El aduanero será encantador!

345. ¡Le gusta complacer!

346. ¡El aduanero será galante!

347. Si, el aduanero será atrevido.

348. ¡Si, el aduanero es nuestro/su asunto!
¡Y como a todos le gusta complacer
y hacerla de galán,
no dejará pasar!

349. Ya no es cuestión de batalla;
no si simplemente nos dejamos
tomar por el talle
y de escuchar un cumplido.
¡Y si falta algo, como sonreírle,
pues! ¡Le sonreímos!

350. ¡Puedo decir por adelantado,
que el contrabando pasará!
¡Adelante! ¡Marchemos! ¡Vamos!

351. ¡Si, el aduanero es nuestro!...

Todos parten en fila, dejando a José en lo alto de una roca.
Poco después Micaela hace su aparición.

MICAELA

C'est des contrebandiers le refuge ordinaire.	352.	Este es el refugio de los contrabandistas.
Il est ici, je le verrai		Él está aquí, yo lo veré
et le devoir que m'imposa sa mère		y el deber que me impone su madre,
sans trembler je l'accomplirai.		sin temblar, lo cumpliré.

Je dis que rien ne m'épouvante,
je dis, hélas! Que je réponds de moi;
mais j'ai beau faire la vaillante,
au fond du cœur, je meurs d'effroi!

Seule en ce lieu sauvage,
toute seule j'ai peur,
mais j'ai tort d'avoir peur;
vous me donnerez du courage,
vous me protégerez, Seigneur.
Je vais voir de près cette femme
dont les artifices maudits
ont fini par faire un infâme
de celui que j'aimais jadis!
Elle est dangereuse... Elle est belle!...
Mais je ne veux pas avoir peur!
Non, non, je ne veux pas avoir peur!...
Je parlerai haut devant elle...
Ah, seigneur, vous me protégerez!...
Ah! Je dis que rien ne m'épouvante...
Protégez-moi, o Seigneur!...
Je ne me trompe pas...
C'est lui sur ce rocher.

A moi José... José je ne puis approcher.

Mais que fait-il?
Il ajuste... il fait feu.
Ah, j'ai trop présumé de mes forces,
mon Dieu!

Yo digo que nada me atemoriza,
y que yo respondo por mí.
¡He tratado en vano de ser valiente,
pero desde el fondo de mi corazón
muero de miedo!
Sola en este salvaje,
lugar tan sola, tengo miedo
pero es un error tener miedo
tú me darás valor,
tú me protegerás, señor.
¡Veré de cerca a esa mujer
que con artificios malditos
ha hecho un infame
del hombre que una vez amé!
¡Ella es peligrosa... y bella!...
¡Pero yo no tendré miedo!
¡Hablaré alto enfrente de ella!...

¡Ah! ¡Señor, tú me protegerás!...
¡Digo que nada me asusta!...
¡Protégeme, señor, oh dame valor!...
Si no me equivoco...
Él está sobre esa roca.

(Gritando)
A mi José... José no puedo acercarme.

¿Pero, que hace él?
Apunta... y hace fuego.
¡Ah, yo sobreestimé mis fuerzas,
Dios mío!

Ella corre y se esconde detrás de unas piedras.

ESCAMILLO

		(A José)
Quelques lignes plus bas...	353.	Un poco más abajo...
et tout était fini.		y hubiera sido mi fin.

JOSÉ

Votre nom, répondez.	354.	Tu nombre, responde.

ESCAMILLO
Eh là!... Doucement!
Je suis Escamillo,
torero de Grenade.

JOSÉ
Escamillo!

ESCAMILLO
C'est moi!

JOSÉ
Je connais votre nom.
Soyez le bienvenu;
mais vraiment, camarade,
vous pouviez y rester.

ESCAMILLO
Je ne vous dis pas non.
Mais je suis amoureux, mon cher, à la folie!

Et celui-là serait un pauvre compagnon
qui pour voir ses amours ne risquerait sa vie!

JOSÉ
Celle que vous aimez est ici?

ESCAMILLO
Justement.
C'est un zingaro, mon cher...

JOSÉ
Elle s'appelle?

ESCAMILLO
Carmen.

JOSÉ
Carmen!

ESCAMILLO
Carmen. Oui, mon cher.
Elle avait pour amant...
un soldat qui jadis a
déserté pour elle.

JOSÉ
Carmen!

355. ¡Eh!... ¡Gentilmente mi amigo!
¡So Escamillo,
torero de Granada!

356. ¡Escamillo!

357. ¡Soy yo!

358. Yo conozco tu nombre.
Eres bienvenido;
pero deberás camarada,
pudiste haber muerto.

359. Yo no diría eso.
¡Pero estoy locamente enamorado,
mi estimado amigo!
¡Y el que no arriesgue su vida para ver a sus
amores será un pobre compañero!

360. ¿La dama que amas está aquí?

361. Justamente.
Es una gitana mi amigo...

362. ¿Cómo se llama?

363. Carmen.

364. ¡Carmen!

365. Carmen. Si mi amigo.
Ella tenía por amante...
a un soldado que hace tiempo
desertó por ella.

366. ¡Carmen!

ESCAMILLO
Ils s'adoraient! Mais c'est fini, je crois,
les amours de Carmen ne durent
pas six mois.

JOSÉ
Voua l'aimez cependant?

ESCAMILLO
Je l'aime!

JOSÉ
Vous l'aimez cependant!

ESCAMILLO
Je l'aime, oui, mon cher, je l'aime,
je l'aime à la folie!

JOSÉ
Mais pour nous enlever
nos filles de Bohême
savez-vous bien qu'il faut payer?...

ESCAMILLO
Soit! On paiera!

JOSÉ
Et que le prix se paie à coups de navaja!

ESCAMILLO
À coups de navaja!

JOSÉ
Comprenez-vous?

ESCAMILLO
Le discours est très net.
Ce déserteur, ce beau soldat qu'elle aime,
ou du moins qu'elle aimait, c'est donc vous?

JOSÉ
Oui, c'est moi-même!

ESCAMILLO
J'en suis ravi, mon cher!...
Et le tour est complet!

JOSÉ
Enfin ma colère trouve à qui parler!
Le sang, oui, le sang, je l'espère,
va bientôt couler!
Enfin ma colère trouve à qui parler!

367. ¡Ellos se adoraban! Pero se acabó, yo creo
que los amores de Carmen no duran
más de seis meses.

368. ¿Y a pesar de eso tú la amas?

369. ¡Yo la amo!

370. ¡La amas a pesar de eso!

371. ¡Yo lo amo, sí, mi amigo, lo amo,
lo amo con locura!

372. ¿Pero para quitarnos
nuestras damas Bohemias
sabes que hace falta pagar?...

373. ¡Está bien! ¡Pagaré!

374. ¡Y que el precio se paga con golpes de navaja!

375. ¡A golpes de navaja!

376. ¿Comprendes?

377. El discurso es muy claro.
¡El desertor, el guapo soldado que ella ama,
o al menos al que ella amaba eres tú?

378. ¡Sí, soy yo precisamente!

379. ¡Estoy encantado mi amigo!...
¡Todo está dicho!

380. ¡Al fin mi cólera encontró a quien hablarle!
¡Si, la sangre correrá antes
de lo que yo esperaba!
¡Al fin mi cólera encontró a quien hablarle!

ESCAMILLO
Quelle maladresse,
j'en rirais, vraiment!
Chercher la maîtresse,
et trouver l'amant!
Quelle maladresse,
J'en rirais, vraiment!

381. ¡Qué torpeza,
me hace deberás reír!
¡Buscando a la querida,
encontré al amante!
¡Que torpeza,
me hace deberás reír!

JOSÉ
Le sang...

382. La sangre...

ESCAMILLO
Chercher...

383. Buscando...

JOSÉ
...Oui, le sang, oui, le sang, je l'espère,
va bientôt couler!

384. ...¡Si, la sangre, correrá antes
de lo esperado!

ESCAMILLO
...Et trouver, trouver l'amant!

385. ...¡La querida y encontrar la amante!

JOSÉ Y ESCAMILLO
Mettez-vous en garde
et veillez sur vous!...
Tant pis pour qui tarde
à parer les coups!
Mettez-vous en garde,
veillez sur vous!
En garde, allons, en garde.
Veilles sur vous!

386. ¡En guardia
y cuídate!...
¡Tanto peor para el que tarde
en parar los golpes!
¡En guardia,
y cuídate!
En guardia, vamos, en guardia.
¡Y cuídate!

Ses inicia la pelea; Escamillo deja caer su cuchillo, José está a punto de apuñalearlo, llega Carmen y le detiene el brazo.

CARMEN
Holà, holà, José!

387. ¡Ei, ei, José!

ESCAMILLO
Vrai! J'ai l'âme ravie
que ce soit vous, Carmen,
qui me sauve la vie!

388. ¡De verdad! ¡Estoy contento
que seas tú, Carmen,
quien me salvó la vida!

(A Don José)
En cuanto a ti, guapo soldado:
estamos a mano
y nos jugaremos a la bella,
si nos la jugaremos
el día que tú quieras reiniciar la pelea.

Quant à toi, beau soldat:
nous sommes manche à manche,
et nous jouerons la belle,
oui, nous jouerons la belle
le jour où tu voudras reprendre le combat.

DANCAIRO
C'est bon, c'est bon!
Plus de querelle!
Nous, nous allons partir.
Et toi... Et toi l'ami, bonsoir!

ESCAMILLO
Souffre au moins qu'avant
de vous dire au revoir
je vous invite tous aux courses de Séville,
je compte pour ma part
y briller de mon mieux...

Mirando a Carmen significativamente.

Et qui m'aime y viendra!...

L'ami, tiens-toi tranquille!
J'ai tout dit... Oui, j'ai tout dit...
et je n'ai plus ici qu'à faire mes adieux!...

Escamillo parte; Dancairo y el Remendado detienen a José.

JOSÉ
Prends garde à toi, Carmen...
Je suis las de souffrir!

DANCAIRO
En route, en route, il faut partir!

CORO
En route...

REMENDADO
Halte!
Quelqu'un est là qui cherche à se cacher.

CARMEN
Une femme!

DANCAIRO
Pardieu! La surprise est heureuse!

JOSÉ
Micaela!

MICAELA
Don José!

389. *(Se interpone)*
¡Está bien, está bien!
¡Ya no peleen más!
Nosotros vamos a partir.
Y tú amigo... ¡Buenas noches!

390. Esperen, al menos que antes
de decirles adiós
los invito a todos a las corridas de Sevilla,
yo cuento de mi parte con estar
los mas brillante...

¡Y quien me ama vendrá!...

(Mirando a José)
¡Tranquilo, amigo, ya lo he dicho todo...
si, ya lo he dicho todo...
ya solo me queda darles el adiós!

391. *(A Carmen, en tono amenazante)*
Cuídate, Carmen...
¡Estoy cansado de sufrir!

392. ¡En ruta, en ruta, debemos partir!

393. En ruta...

394. ¡Alto!
Hay alguien escondido allí.

395. ¡Una mujer!

396. ¡Por Dios! ¡Que placentera sorpresa!

397. ¡Micaela!

398. ¡Don José!

JOSÉ
Malheureuse!
Que viens-tu faire ici?

MICAELA
Moi! Je viens te chercher!
Là-bas est la chaumière
où sans cesse priant,
une mère, ta mère,
pleure, hélas! Sur son enfant!

Elle pleure et t'appelle,
elle pleure et te tend les bras!
Tu prendras pitié d'elle,
José, ah! José, tu me suivras!

CARMEN
Va-t'en, va-t'en, tu feras bien,
notre métier ne te vaut rien!

JOSÉ
Tu me dis de la suivre!

CARMEN
Oui, tu devrais partir.

JOSÉ
Tu me dis de la suivre...
Pour que toi tu puisses courir
après ton nouvel amant!
Non! Non vraiment!
Doit-il m'en coûter la vie,
non, Carmen, je ne partirai pas!
Et la chaîne qui nous lie
nous liera jusqu'au trépas!...
Doit-il m'en coûter la vie,
non, non, non, je ne partirai pas!

TODOS
Il t'en coûtera la vie,
José, si tu ne pars pas,
et la chaîne qui vous lie
se rompra par ton trépas!

MICAELA
Écoute-moi, je t'en prie,
ta mère te tend les bras!
Cette chaîne qui te lie,
José, tu la briseras!

399. ¡Infortunada!
¿Qué vienes a hacer aquí?

400. ¡Vengo a buscarte!
¡Allá está la choza,
en donde no deja de rezar,
una madre, tu madre,
reza por su hijo!

¡Ella reza y te llama,
ella reza y te tiende los brazos!
¡Tú sentirás pena por ella José,
José tú me seguirás, me seguirás!

(A José)
401. ¡Vete, vete, harás bien,
nuestro oficio no es para ti!

402. ¡Tú me dices que la siga!

403. Si, tú debes partir.

404. Me dices que la siga...
¡Para que tú puedas correr detrás
de tu nuevo amante!
¡No, ciertamente, no!
¡Aunque me cueste la vida,
no, Carmen, no partiré!
¡Y la cadena que nos ata
nos unirá hasta la muerte!...
¡Aunque me cueste la vida,
no, no, no, partiré!

405. ¡Te costará la vida,
José, si no partes,
y la cadena que te ata se
romperá con tu muerte!

406. ¡Escúchame, yo te imploro,
tu madre te tiende los brazos!
¡Esta cadena que te ata,
José, tú la romperás!

JOSÉ
Laisse-moi!

(A Micaela)
407.   ¡Déjame!

MICAELA
Hélas, José!

408.   ¡Cielos, José!

JOSÉ
Car je suis condamné!

409.   ¡Estoy condenado!

TODOS
José! Prends garde!

410.   ¡José! ¡Ten cuidado!

JOSÉ
Ah! Je te tiens, fille damnée!
Je te tiens, et je te forcerai bien
à subir la destinée
qui rive ton sort au mien!
Doit-il m'en coûter la vie,
non, non, non, je ne partirai pas!

(Estrujando a Carmen)
411.   ¡Yo te tengo, mujer maldita;
y te forzaré a aceptar
el destino
que une tu suerte a la mía!
¡Aunque me cuesta la vida,
no, no, no, no, partiré!

TODOS
Ah! Prends garde, Don José!

412.   ¡Ah! ¡Ten cuidado, Don José!

MICAELA
Une parole encore;
ce sera la dernière!
Ta mère, hélas!
Ta mère se meurt...
Et ta mère ne voudrait
pas mourir sans t'avoir pardonné!

413.   ¡Una palabra más,
que será la última!
¡Cielos, José!
Tu madre se muere...
¡Y no quisiera
morir sin haberte perdonado!

JOSÉ
Ma mère! Elle se meurt!

414.   ¡Mi madre! ¡Se muere!

MICAELA
Oui, Don José!

415.   ¡Si, Don José!

JOSÉ
Partons! Ah, partons!

416.   ¡Partamos! ¡Ah, partamos!

Sois contente... Je pars... Mais...
Nous nous reverrons!

(A Carmen)
¡Estarás contenta... yo parto pero...
nos volveremos a ver!

Mientras José y Micaela están a punto de partir.
Se escucha la voz de Escamillo cantando en la distancia.

LA VOZ DE ESCAMILLO
Toréador, en garde!
Toréador! Toréador!...

417.   ¡Torero, en guardia!
¡Torero! ¡Torero!...

Acto Cuatro

Una plaza en Sevilla, afuera de la plaza de toros una festiva multitud en espera de entrar a presen ciar la actuación dee Escamillo, que ya ha tomado a Carmen como amante.

VENDEDORES
À deux cuadros! À deux cuadros!...
Des éventails pour s'éventer!
Des oranges pour grignoter!
Le programme avec les détails!
Du vin! De l'eau!
Des cigarettes!
Des éventails pour s'éventer!...
À deux cuadros!...
Voyez! À deux cuadros!
Séñoras et Caballeros!

ZUÑIGA
Des oranges... Vite!

VENDEDORES DE FRUTA
En voici... Prenez, prenez, mesdemoiselles!

VENDEDOR DE FRUTA
Merci, mon officier, merci!

VENDEDORES
Celles-ci, séñor, sont plus belles!
Des éventails pour s'éventer!...

UNA GITANA
Voulez-vous aussi des lorgnettes?

VENDEDORES
À deux cuadros!
Voyez! À deux cuadros!
Séñoras et caballeros!
À deux cuadros!...

418. ¡A dos cuartos! ¡A dos cuartos!...
¡Los abanicos para abanicarse!
¡Naranjas para mordisquear!
¡Programas con los detalles!
¡Vino! ¡Agua!
¡Cigarrillos!
¡Abanicos!...
¡A dos cuartos!...
¡Vean! ¡A dos cuartos!
¡Señores y caballeros!

(Acompañado de Frasquita y Mercedes)
419. ¡Naranjas... aquí rápido!

420. Aquí están... ¡Tomen, tomen, señoritas!

(A Zuñiga)
421. ¡Gracias, mi oficial, gracias!

422. ¡Estas, señor, son mejores!
¡Abanicos para abanicarse!...

(A Zuñiga)
423. ¿Quieres binoculares también?

424. ¡A dos cuartos!
¡Vean, a dos cuartos!
¡Señoras y caballeros!
¡A dos cuartos!...

LA MULTITUD

Les voici, les voici, la quadrille!
Les voici, les voici!...
Les voici, les voici, la quadrille!
La quadrille des toreros.
Sur les lances, le soleil brille!
En l'air, en l'air toques et sombreros!
Les voici, voici la quadrille,
la quadrille des toreros!

425. ¡He aquí, he aquí, la cuadrilla!
¡Aquí está, aquí está!...
¡He aquí, he aquí, la cuadrilla!
¡La cuadrilla, de los toreros!
¡El sol brilla sobre las lanzas!
¡En el aire, en el aire vuelan los sombreros!
¡Aquí está la cuadrilla,
la cuadrilla de los toreros!

Entra una procesión de niños a la plaza.

NIÑOS

Voici, débouchant sur la place,
voici d'abord, marchant au pas...
l'alguazil à vilaine face.
À bas! À bas! À bas l'alguazil!

426. Aquí, vemos marchando
en la plaza...
al alguacil con su cara de villano.
¡Abajo! ¡Abajo el alguacil!

HOMBRES

Et puis saluons au passage,
saluons les hardis chulos!
Bravo! Vivat! Gloire au courage!

427. ¡Y despúes saludamos
a los asistentes del matador!
¡Bravo! ¡Viva! ¡Gloria al valor!

MUJERES

Voyez les banderilleros,
voyez quel air de crânerie!
Voyez quels regards, et de quel éclat
étincelle la broderie...

428. ¡Vean a los banderilleros,
vean su aire de guapura!
Vean sus miradas y el brillo
de sus bordados...

TODOS

Voici les banderilleros!
Une autre quadrille s'avance!
Voyez les picadors!
Comme ils sont beaux!
Comme ils vont du fer de leur lance
harceler le flanc des taureaux!
L'espada! L'espada!
Escamillo! Escamillo!

429. ¡Ahí están los banderilleros!
¡Miren a los picadores!
¡Como son guapos!
¡Vean como son guapos!
¡Cómo van a herir con sus picas
los flancos de los toros!
¡El matador, el matador,
Escamillo, Escamillo!

Escamillo llega acompañada por Carmen radiante y espléndidamente ataviada.

C'est l'Espada, la fine lame,
celui qui vient terminer tout,
qui paraît à la fin du drame
et qui frappe le dernier coup!
Vive Escamillo! Vive Escamillo! Ah! Bravo!

¡Es el matador,
con su fina espada
que pone fin al drama dando
el último golpe!
¡Viva Escamillo! ¡Viva Escamillo! ¡Bravo!

ESCAMILLO
Si tu m'aimes, Carmen,
tu pourras, tout à l'heure,
être fière de moi!
Si tu m'aimes!...

CARMEN
Ah! Je t'aime, Escamillo, je t'aime,
et que je meure.
Si j'ai jamais aimé quelqu'un
autant que toi!

CARMEN Y ESCAMILLO
Ah! Je t'aime! Oui, je t'aime!

LA MULTITUD
Place! Place! Place au seigneur Alcade!

Todos entran a la plaza de toros siguiendo al Alcalde.

FRASQUITA
Carmen, un bon conseil...
Ne reste pas ici.

CARMEN
Et pourquoi, s'il te plaît?

MERCEDES
Il est la!...

CARMEN
Qui donc?

MERCEDES
Lui! Don José!
Dans la foule il se cache, regarde...

CARMEN
Oui, je le vois.

FRASQUITA
Prends garde!

CARMEN
Je ne suis pas femme à trembler devant lui...
Je l'attends et je vais lui parler.

MERCEDES
Carmen, crois-moi, prends garde!

CARMEN
Je ne crains rien.

(A Carmen)
430. ¡Si, tú me amas Carmen,
tu podrás hoy miso,
estar orgullosa de mí!
¡Si tú me amas!...

431. ¡Ah! ¡Yo te amo Escamillo,
yo te amo y si muero debes
saber que nunca amé a nadie
tanto como a ti!

432. ¡Ah! ¡Yo te amo, yo te amo!

433. ¡Abran paso al señor Alcalde!

(A Carmen)
434. Carmen, un buen consejo...
No te quedes aquí.

435. ¿Por qué?

436. ¡Ahí está él!...

437. ¿Quién?

438. ¡Eli! ¡Don José!
Se esconde entre la gente...

439. Sí, yo lo veo.

440. ¡Ten cuidado!

441. No soy mujer que tiemble delante de él...
Lo espero y voy a hablar con él.

442. ¡Carmen, créeme, ten cuidado!

443. Yo no le temo a nada.

FRASQUITA
Prends garde!

444. ¡Cuídate!

Frasquita y Mercedes siguen a la gente entrando a la plaza de toros.
Don José se aproxima en cuanto Carmen queda sola.

CARMEN
C'est toi!

445. ¡Eres tú!

JOSÉ
C'est moi!

446. ¡Soy yo!

CARMEN
L'on m'avait avertie
que tu n'étais pas loin, que tu devais venir;
l'on m'avait même dit de craindre
pour ma vie;
mais je suis brave! Je n'ai pas voulu fuir!

447. ¡Me habían advertido
que tú no estabas lejos, que tu debías venir;
me habían dicho que
cuidara de mi vida;
pero soy valiente y no quiero huir!

JOSÉ
Je ne menace pas... J'implore...
Je supplie!
Notre passé, Carmen,
notre passé, je l'oublie!...
Oui, nous allons tous deux
commencer une autre vie,
loin d'ici, sous d'autres cieux!

448. ¡Yo ya no amenazo... yo imploro...
yo suplico!
¡Nuestro pasado, Carmen,
nuestro pasado, ya lo olvidé!
¡Si, nosotros dos vamos
a comenzar una vida nueva,
lejos de aquí, bajo otros cielos!

CARMEN
Tu demandes l'impossible!
Carmen jamais n'a menti!
Son âme reste inflexible!
Entre elle et toi... C'est fini!

449. ¡Tú demandas lo imposible!
¡Carmen jamás ha mentido
su voluntad es inflexible!
Entre ella y tú todo... ha terminado.

JOSÉ
Carmen, il est temps encore,
oui, il est temps encore...
O ma Carmen, laisse-moi
te sauver, toi que j'adore.
Ah, laisse-moi te sauver
et me sauver avec toi!

450. Carmen, todavía es tiempo,
si, todavía es tiempo...
Oh mi Carmen, déjame
salvarte, a ti a quien adoro.
¡Ah, déjame salvarte
y salvarme contigo!

CARMEN
Non! Je sais bien que c'est l'heure.
Je sais bien que tu me tueras;
mais que je vive ou que je meure,
non, non, non, je ne te céderai pas!

451. ¡No! Yo sé bien que ésta es la hora.
¡Yo sé bien que tú me matarás;
sea que viva o muera
yo no cederé!

JOSÉ
Carmen, il est temps encore...

452. Carmen, aún es tiempo...

CARMEN
Pourquoi t'occuper encore
d'un cœur qui n'est plus à toi?

JOSÉ
Oui, il est temps encore...
O ma Carmen, laisse-moi
te sauver, toi que j'adore!...

CARMEN
Non, ce cœur n'est plus à toi!

JOSÉ
...moi te sauver et me...
...sauver avec toi...

CARMEN
En vain tu dis: je t'adore!
Tu n'obtiendras rien, non, rien de moi.
Ah, c'est en vain...

JOSÉ
O ma Carmen, il est temps encore...
Ah, laisse-moi te sauver, Carmen!
Ah, laisse-moi te sauver, toi que!...

CARMEN
Tu n'obtiendras rien, rien de moi!

JOSÉ
J'adore! Et me sauver avec toi!
Tu ne m'aimes donc plus?
Tu ne m'aimes donc plus!

CARMEN
Non! Je ne t'aime plus.

JOSÉ
Mais moi, Carmen, je t'aime encore,
Carmen, hélas! Moi, je t'adore!

CARMEN
A quoi bon tout cela?
Que de mots superflus!

JOSÉ
Carmen, je t'aime, je t'adore!
Eh bien! S'il le faut, pour te plaire,
je resterai bandit... Tout ce que tu voudras...
Tout! Tu m'entends... Tout, tu m'entends...
Tout! Mais ne me quitte pas,
O ma Carmen!

453. ¿Porque te preocupas
 por un corazón que ya no es tuyo?

454. Si, aún es tiempo...
 ¡Oh mi Carmen, déjame
 salvarte, a ti a quien adoro!...

455. ¡No, éste corazón ya no es tuyo!

456. ...salvarte y salvarme...
 ...salvarme contigo...

457. ¡En vano dices; yo te adoro!
 Tú no obtendrás nada de mí.
 Ah, es en vano...

458. Oh mi Carmen aún es tiempo...
 ¡Ah, déjame salvarte, Carmen!
 ¡Ah, déjame salvarte, tu que!...

459. ¡Tú no obtendrás nada de mí!

460. ¡Te adoro, me salvaré contigo!
 ¿Tú ya no me amas?
 ¡Tú ya no me amas!

461. ¡No! Ya no te amo.

462. Pero yo aún te amo.
 ¡Carmen, yo te adoro!

463. ¿No tiene caso todo esto?
 ¡Cuántas palabras superfluas!

 ¡Carmen, te amo, te adoro!
 Bien, si te parece, seguiré
 siendo bandido, lo que tú quieras...
 ¡Todo, me oyes, todo!
 ¡Pero no me dejes,
 Oh mi Carmen!

JOSÉ (*continuato*)
Ah! Souviens-toi, souviens-toi du passé!
Nous nous aimions, naguère!
Ah, ne me quitte pas, Carmen,
ah, ne me quitte pas!

CARMEN
Jamais Carmen ne cédera!
Libre elle est née et libre elle mourra!

LA MULTITUD
Vivat! Vivat! La course est belle!
Vivat! Sur le sable sanglant
le taureau s'élance
Voyez! Voyez! Voyez!
Le taureau qu'on harcelé
en bondissant s'élance! Voyez!
Frappé juste, juste en plein cœur
Voyez! Voyez! Voyez!
Victoire!

JOSÉ

Où vas-tu?

CARMEN
Laisse-moi.

JOSÉ
Cet homme qu'on acclame,
c'est ton nouvel amant!

CARMEN
Laisse-moi!... Laisse-moi!...

JOSÉ
Sur mon âme,
Tu ne passeras pas,
Carmen, c'est moi que tu suivras!

CARMEN
Laisse-moi... Don José,
Je ne te suivrai pas.

JOSÉ
Tu vas le retrouver, dis...
tu l'aimes donc?

464. ¡Recuerda el pasado!
¡Nos amamos hace poco!
¡Ah, no me dejes,
Carmen, no me dejes!

465. ¡Jamás, Carmen no cederá!
¡Libre ella nació y libre morirá!

(*Desde la arena*)
466. ¡Viva! ¡Viva! ¡Qué bella corrida!
¡Viva! ¡Sobre el estoque sangrante
el toro se lanza!
¡Miren! ¡Miren! ¡Miren!
¡El toro ante el acoso
de un salto enviste! ¡Miren!
¡La estocada, justo en el corazón!
¡Miren! ¡Miren! ¡Miren!
¡Victoria!

(*Cerrándole el paso a Carmen en su intento de*
467. *entrar a la arena.*)
¿Adónde vas?

468. ¡Déjame!

469. ¡El hombre a quien aclaman,
es tu nuevo amante!

470. ¡Déjame!... ¡Déjame!...

471. ¡Por mi alma
tu no pasarás,
Carmen, es a mí a quien seguirás!

472. Déjame... Don José...
Yo no te seguiré.

(*Furioso y desesperado.*)
473. ¿Tú vas a encontrarlo...
tú lo amas entonces?

CARMEN
Je l'aime!
Je l'aime et devant la mort même,
je répèterais que je l'aime!

474. ¡Yo lo amo!
¡Yo lo amo, y frente a la misma muerte,
yo repetiré que lo amo!

Ella intenta entrar a la arena y él la detiene.

LA MULTITUD
Vivat, vivat! La course est belle!...

475. ¡Viva, viva! ¡La corrida es bella!...

JOSÉ
Ainsi, le salut de mon âme
je l'aurai perdu pour que toi,
pour que tu t'en ailles, infâme,
entre ses bras rire de moi!
Non, par le sang, tu n'iras pas!
Carmen, c'est moi que tu suivras!

(Violentamente)
476. ¡Yo había perdido la salvación
de mi alma por tu culpa,
así que puedes irte infame mujer,
entre sus brazos ríete de mí!
¡No, por la sangre, tú no irás!
¡Carmen, es a mí a quien seguirás!

CARMEN
Non, non! Jamais!

477. ¡No, no! ¡Jamás!

JOSÉ
Je suis las de te menacer!

478. ¡Estoy cansado de amenazarte!

CARMEN
Eh bien!
Frappe-moi donc, ou laisse-moi passer!

479. ¡Bien!
¡Mame entonces, o déjame pasar!

LA MULTITUD
Victoire!

480. ¡Victoria!

JOSÉ
Pour la dernière fois, démon,
veux-tu me suivre?

481. ¿Por última vez, demonio,
vendrás conmigo?

CARMEN
Non, non!

482. ¡No, no!

Quitándose un anillo de su dedo.

Cette bague, autrefois, tu m'avais donnée...   Tú me diste éste anillo...

Lo lanza a los pies de José.

Tiens!   ¡Toma!

JOSÉ
Eh bien! Damnée!

(Furioso)
483. ¡Maldita!

El se lanza furioso sobre Carmen y la apuñala hasta que muere.

**LA MULTITUD DENTRO DE LA
PLAZA**
Toréador, en garde!
Toréador! Toréador!
Et songe bien, oui, songe en combattant...

JOSÉ
Vous pouvez m'arrêter...
C'est moi qui l'ai tuée!

484. ¡Torero, en guardia!
¡Torero! ¡Torero!
Y recuerda, recuerda mientras peleas...

(A los curiosos que se empienzan a reunir)
485. Pueden arrestarme...
¡Yo fui quien la mató!

Cae de rodillas al lado del cuerpo de Carmen.

Ah, Carmen! Ma Carmen adorée!

¡Ah, Carmen! ¡Carmen adorada!

FIN

Biografía de Georges Bizet

Georges Bizet nació en Bougival Francia el 25 de Octubre de 1838, su padre, Adolphe Armand Bizet y su madre Aimee Marie Louise Leopoldine Josephine Delsarte.

Nacido en el seno de una familia de músicos, ingresó en el conservatorio de Paris a los nueve años de edad. En 1858 fue el triunfador en un certamen sobre ejecución de piano en 1857, concursó en el certamen Europeo de composición y ganó el gran premio de Roma lo cual le permitió continuar sus estudios musicales en Italia durante tres años. Durante éste período compuso su primera ópera *Don Procopio* y al regresar a Francia compuso sus óperas: *Los Pescadores de Perlas* y *La Hermosa Muchacha de Perth*, ninguna de las cuales tuvo éxito.

Posteriormente compuso la música para el drama *La Arlesiana* y su ópera *Carmen*. Cuyo escaso éxito se dice que precipitó la prematura muerte del compositor. Los críticos fueron extremadamente duros en la apreciación de *Carmen*, la trama de la obra era demasiado realista para la audiencia de esa época. Se considera que el dramatismo de *Carmen* que se convirtió en una de las óperas de más éxito a nivel mundial, fue la culminación del perfeccionamiento artístico de Bizet.

Profundamente afectado por las injustas críticas, Bizet falleció en Paris el 3 de Junio de 1875 justamente en la noche de la trigésima tercera representación de *Carmen*.

Óperas de Georges Bizet

Calendal
Carmen
Clarissa Harlowe
Djamileh
Don Procopio
Don Quichotte
Don Rodrigue
Esmeralda
Grisélidis
Ivan IV

La Coupe du Roi de Thulé
La Guzla de l'Émir
La Jolie Fille de Perth
La Maison du
    Docteur La Prêtresse
L'Amour Peintre
Le Docteur Miracle
Le Tonnelier de Nuremberg
Les Pêcheurs de perles

Les Templier
Malbrough S'en
    Va-T-En Guerre
Nicolas Flamel
Noé
Parisina
Rama
Sol-si-ré-pif-pan
Vercingétorix

Acerca de Estas Traducciones

El Dr. Eduardo Enrique Prado Alcala nació en 1937 en el norte de México, estudió la carrera de medicina y se especializó en cáncer ginecológico y cáncer de mama.

Ejerció su carrera durante 40 años y finalmente llegó a la edad del retiro.

Desde la edad de 42 años, se hizo aficionado a la ópera y a la música clásica y formó parte de un grupo de amigos aficionados a estas disciplinas. Tuvo la oportunidad de asistir a funciones operísticas en la Ciudad de México, en Guadalajara México, en Toluca México, en Mazatlán México, en Seattle, en Madrid y en Londres. Organizó en la Ciudad de Mazatlán tres conciertos de música clásica, uno de ellos en la catedral.

Jugum Press y Ópera en Español

Prensa publica estas traducciones de ópera por Dr. E.Enrique Prado:

Vincenzo Bellini:
Norma

Georges Bizet:
Carmen

Gaetano Donizetti:
Anna Bolena, Don Pasquale, Lucia di Lammermoor,
Lucrezia Borgia

Ruggero Leoncavallo:
I Pagliacci

Pietro Mascagni:
Cavalleria Rusticana

Wolfgang Amadeus Mozart:
Die Zauberflöte, Don Giovanni, Le Nozze di Figaro

Giacomo Puccini:
La Boheme, La Fanciulla del West, Madama Butterfly, Manon Lescaut, Tosca
El Tríptico: Gianni Schicchi, Suor Angelica, Il Tabarro

Giacchino Rossini:
Il Barbiere Di Siviglia, La Cenerentola

Giuseppe Verdi:
Aida, Un Ballo in Maschera, Don Carlo, Ernani, Falstaff, La Forza del Destino,
I Lombardi, Macbeth, Nabucco, Otello, Rigoletto, Simon Boccanegra, La Traviata,
Il Trovatore

Para información y disponibilidad, por favor vea
www.operaenespanol.com
Correo: JugumPress@outlook.com
Síganos en Twitter: @jugumpress
Regístrate para nuestras noticias: http://eepurl.com/5m7tj